KB092449

수포자 탈출
실전 보고서

수포자 탈출 실전 보고서

글 민경우·김유진

초판 1쇄 펴낸날 2015년 4월 15일

펴낸이 정구철 | 기획이사 최만영 | 편집장 한해숙 | 편집 둥그나무 | 표지디자인 신병근

마케팅 박영준 | 영업관리 김효순 | 제작 김용학, 김성수

펴낸곳 (주)한솔수북 등록 제2013-000276호

주소 121-896 서울시 마포구 월드컵로 96 영훈빌딩 5층

전화 02-2001-5829(편집) 02-2001-5828(영업) | 전송 02-2060-0108

전자우편 isoobook@eduhansol.co.kr | 북카페 cafe.naver.com/soobook

페이스북 www.facebook.com/isoobook

ISBN 979-11-85494-97-5 23370

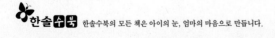

한솔수북의 모든 책은 아이의 눈, 엄마의 마음으로 만듭니다.

수포자 탈출
실전 보고서

우리 아이 수학, 이대로 포기할 것인가?

민경우 · 김유진 지음

한솔수북

2장

수학 공부,
효과적으로 하고 있는가?

공부 효율을 높이기 위해 해야 할 것들

3장

중학교 수학
다시 보기

교과서가 과연 절대적인 기준이 될 수 있을까?

4장

중학교 3학년 겨울방학,
어떻게 보내야 하나?

고등학교 수학에 접근하는 방법

행복과 수학 공부의 상관관계

공익광고 중에 '부모와 학부모'에 관한 것이 있었다.

"부모는 멀리 보고 가라 하고, 학부모는 앞만 보고 가라 합니다.

부모는 함께 가라 하고, 학부모는 앞서가라 합니다."

학원에서 수많은 학부모들을 만나면서 '학부모라는 집단이 정말 이상하다'는 생각을 할 때가 많다. 그중 가장 이상한 학부모는 "아이가 너무 행복해한다"며, "학원에서 공부를 제대로 시키지 않는 것 아니냐"고 따져 묻는 학부모다. 맙소사, 아이가 행복해하는 것 때문에 부모가 불안해지다니……. 뭔가 잘못되어도 한참 잘못되지 않았는가.

또, 어떤 학부모는 "선생님들이 아이한테 자꾸 공부 잘하는 것보다 행복한 게 중요한 것"이라고 말한다며 불만을 토로한다.

"지금 행복해서 나중에 어떻게 할 것이냐"며 "당장은 불행해도 이후 행복을 위해 참고 견디라고 해야 한다"는 것이다.

많은 학부모들의 잘못된 믿음이 바로 이 두 가지다.

공부는 절대 행복하게 할 수 없다는 믿음.

미래의 행복을 위해 반드시 현재의 행복을 희생해야 한다는 믿음.

이 잘못된 믿음의 토대 위에서 학부모는 아이를 교육시킨다. 당연히 아이는 공부 때문에 죽고 싶을 정도로 힘들어야 하고, 미래를 위해 오늘은 불행해야 한다. 이런 상황에서 수학이 되었든 혹은 다른 과목이 되었든 아이가 포기하지 않는다는 것이 더 이상한 일 아닌가?

우리가 학원을 만든 이유는 간단하다. 아이들이 행복하게 공부를 잘하게 만들고 싶었기 때문이다. 행복과 공부는 하나를 위해 나머지 하나를 희생해야 하는 적대적 관계가 아니다. 공부만이 모든 가치의 최우선이어야 한다는 폭력적 강요가 아이를 불행하게 만드는 것이다.

공부는 아이를 행복하게 하는 수많은 것들 중 하나여야 한다. 그리고 아이가 미래를 꿈꾸게 하는 원동력 중 하나여야 한다.

혹시 아이가 특별한 문제가 없음에도 수포자의 길로 들어섰다면 한번 돌아보라. 아이에게 수학을 최우선의 가치로 강요하지는 않았는지, 수학 때문에 현재의 행복을 포기하라고 아이를 밀어붙이지는 않았는지…….

아이를 행복하게 하는 수많은 가치들과 수학이 양립할 수 있을 때, 아이는 비로소 포기했던 수학 교과서를 다시금 펼쳐볼 수 있을 것이다.

2015년 4월

민경우 · 김유진

1장

초등 고학년,
왜 벌써 수학을 포기하는가?

중학생이 되기 전에 꼭 해야 하는 것들

초등학교 시기에 분수에 대해 제대로 이해하고 충분히 훈련해야 한다. 분수는 생각보다 어렵고, 많은 연습이 필요하므로 아직 어려운 수학적 개념이 많이 나오지 않는 초등학교 때 제대로 배워두고 넘어가야 한다.

어릴 때 반드시 거쳐야 하는 것들

학원에서는 다양한 아이들을 만난다. 그리고 아이들만큼이나 다양한 부모를 만난다.

그러다 보니 아이를 보면 부모를 대충 짐작하게 된다. 부모들은 아이에 대한 다양한 불만과 걱정을 토로하지만 대부분 아이의 모습은 부모의 다른 모습이다.

초등학교 6학년인 성민이는 말이 무척 많은 남자아이로, 10분만 함께 있다 보면 머리가 아플 정도다. 머릿속에 있는 모든 생각을 입 밖으로 내어야 직성이 풀리는 아이. 그런데 대부분이 쓸데없는 말이다. 오죽하면 교사들이 "성민이가 얼른 사춘기가 왔으면 좋겠다"고 하겠는가?

쓸데없는 말이 많으니 사람들은 성민이 말에 별로 귀를 기울이지 않는다. 대충 건성으로 "응", "그래", "알았어" 등의 형식적인 대답을 하거나 어떤 때는 대답 자체를 하지 않는다. 성민이는 자신의 말에 호응이 없으니 점점 더 과격한 말을 하거나, 다른 사람들의 말이나 행동에 억지스러운 꼬투리를 잡는다. 결국은 상대가 화를 낼 즈음에 말을 멈춘다.

교사들이 힘들 정도니 또래 친구들은 진저리를 친다. 아예 바보 취급을 하거나, 무시해버린다. 그런데 이상한 것은 성민이의 반응이다. 화든 짜증이든 기어이 사람들의 반응을 확인하고서야 말을 멈춘다는 것이다.

우리는 성민이를 유심히 관찰했다. 그리고 몇 가지 의미 있는 특징을 발견했다.

첫째, 성민이는 좋은 관심과 나쁜 관심을 구분하지 못했다. 칭찬을 하거나, 야단을 치거나, 누군가 자신에게 관심만 가져주면 그만이라고 생각했다.

둘째, 성민이는 사람들과 제대로 대화하는 법을 몰랐다. 말도 안 되는 얘기를 하다가 사람들이 제재를 가하면 울거나, 소리치고 떼를 썼다. 학습을 할 때는 제법 영민했지만 자신의 의견을 논리적으로 설득하는 법을 알지 못했다.

성민이와 부모의 관계가 궁금했다. 성민이의 부모는 좋은 대학을 나온 맞벌이 부부로 둘 다 너무 바빴다. 특히 성민이 어머니는 건조하고 사무적인 스타일이었으며, 아이를 과잉보호하는 것을 대단히 경계했다. 성민이가 어렸을 때 한 모임에서 떼를 쓰며 운 적이 있었는데, 모임 진행이 어려울 정도로 심하게 울어 다른 사람들이 모두 성민이를 달래려 했지만 성민이 어머니는 아이 버릇 나빠진다며 끝까지 아이에게 눈길을 주지 않았다고 한다.

어렸을 때 충분한 관심과 사랑을 받지 못한 성민이는 결국 초등학교 6학년이 되어서도 관심을 끌기 위해 유아기 아이처럼 행동하고 있었다. 바쁘고 건조한 부모 덕에 눈높이에 맞는 충분한 대화를 하지 못했기 때문에 울거나 떼를 쓰는 것 외에 자신의 요구를 전달하는 방법을 몰랐던 것이다.

고등학교 2학년 진호도 비슷하다. 말끔하게 잘생긴 진호는 공부에는 뜻이 없었다. 도살장에 끌려온 소처럼 엄마 손에 이끌려 억지로 학원에 온 진호는 불량기 가득한 말투로 틱틱거리던 약간(?) 불량 청소년이었다. 공부에는 뜻이 없으니 학원에 와봐야 맨날 학교 교사들과 부모에 대한 험담을 하기에 여념이 없었다. 우리는 그저 아이의 얘기를 재미있게 들어주고 가끔은 맞장구도 쳐주었다. 진호가 육두문자를 쓰면 거기에 존칭을 얹어 함께 장난을 치기도 했다. 자신이 예전에 만났던 어른과 다른 어른들을 만나서인지 진호는 점점 밝아졌다. 진호와 우리는 급속도로 친해졌다. 부유한 환경이었던 진호는 가끔 과일을 한 박스씩 사 오기도 하고 간식을 사기도 했다. 진호는 근본적으로 착하고 호방한 남자아이였던 것이다.

그런데 사이가 가까워질수록 진호는 어리광을 부리기 시작했다. 다른 학생과 공부하고 있는 교사에게 자신과 놀아주지 않는다고 심통을 부리기도 하고, 주말이면 하루 종일 학원에 죽치고 앉아 '농담 따 먹기'를 하자며 징징대기도 했다. 고등학교 2학년 남학생이라고는 보기 어려운 어리광에 교사들의 고민도 깊어졌다. '나이에 맞지 않는 이 어리광을 어디까지 받아줄 것인가……'

진호의 부모는 학력은 높지 않지만 사회적으로 제법 성공한 분들이었다. 그런데 아버지는 다혈질이어서 한 번씩 아이를 세게 윽박지르고 혼냈다. 어머니는 부모가 갖추지 못한 단 하나, 학벌에 대한 욕구가 강했다. 마음이 여리고, 의협심이 강한 진호의 얘기를 들어주고 마음을 읽어주기에 아버지는 너무 강했고, 어머니는 공부에의 욕구가 너무 컸다. 결국 진호는 어려서부터 학습에 대한 강요만 받았을 뿐, 자신의 마음을 충분히 알아주고 어리광도 피울 마음의 쉼터는 없었던 것이다.

아이들은 모두 그 나이 때에 한 번은 겪어야 할 것들이 있다.

충분히 놀기, 떼쓰고 어리광 부리기, 제멋대로 생각하기, 이기적으로 행동하기, 친구들을 놀리고 때리기…….

다분히 유아적인 이 행동들을 유아기에 충분히 하지 못하면 아이가 자라는 어느 시점에선가 반드시 이런 행동이 되살아나게 된다. 만약 서너 살짜리 아이가 이기적으로 친구의 물건을 빼앗고 친구를 때린다면 그것은 충분히 이해받을 수 있지만 중·고등 학생쯤 되어서 이런 현상이 나타나면 이는 학교폭력위원회감이 된다.

유아기 아이들의 이러한 행동을 부모는 어떻게 받아주어야 할까?

부모는 아이 눈높이에서 바라보고 이해하고 가르쳐야 한다.

부모가 가지는 두 가지 편향은 어른의 시선으로 '무조건 안 돼!'를 외치는 것과 '공부만 잘하면 다 용서가 된다'는 식의 반응이다.

성민이의 경우는 어른의 판단과 잣대로 '무조건 안 돼!'를 외친 경우이고, 진호의 경우는 공부가 모든 것의 기준이 된 경우다. 결국 아이들은 유년기에 거쳐야 할 통과의례를 제대로 거치지 못하고 청소년이 되었고, 한창 공부해야 할 시점에 유년기의 모습이 노망처럼 등장했다. 그리고 결국 그것은 학습에도 장애를 초래하게 되었다. 아이들이 성장하는 과정마다 배우고 익혀야 하는 것이 있다. 그것은 공부를 잘하는 것보다 훨씬 중요한 것들이다.

아이에게 공부를 강요하는 부모들은 정작 본인들은 공부하지 않는다. 영아기, 유년기, 아동기, 청소년기를 거치면서 아이의 뇌가 어떻게 달라지는지, 그리고 아이의 사회적 관계와 심리적 변화에 대한 공부 없이 자신이 경험한 기억만으로는 요즘을 사는 아이를 이해하기 어렵다. 영유아기는 너무 어릴 때라 기억이 나지 않을 것이고, 부모 세대의 청소년기는 요즘 아이들의 청소년기와 근본적으로 다른 시대에 놓여 있기 때문이다.

부모는 아이에 대해 공부하는 대신 아이를 좋은 대학에 보내는 법, 영재로 키우는 법 등에 매달린다. 그러다 보니 아이는 언제나 시간이 부족하다.

그러나 뒤처진 공부를 따라잡는 것보다 상처받은 마음을 치료하는 일에 훨씬 많은 노력과 시간이 든다는 것을 절대 잊으면 안 된다. 제발 아이의 눈높이에서 아이를 바라보자. 아이의 마음을 읽고 아이가 유년기를 충분히 누릴 수 있도록 도와주자.

어려서는 수학보다 국어다

올해 초등학교에 입학한 진영이 엄마는 불안하다. 이제 한글만 겨우 읽을 줄 아는 진영이와 달리 진영이 친구들은 구구단은 물론 두 자릿수 곱셈까지 척척 해낸다. 주위 사람들은 진영이 엄마에게 "국어는 당연한 거고 수학은 어쩔 거냐?"며 한 걱정을 한다. 수학이 중요하다고 하는데 초등학교에 입학하자마자 수학이 뒤처지지는 않을까 걱정이 태산이다.

종종 초등학교 3~4학년 아이의 손을 잡고 학원을 방문하는 부모들이 있다.

"초등학교 4학년부터 수학이 어려워진대요. 어떻게 하면 좋을까요?"

초등학교 4학년이 되면 본격적으로 분수를 다루게 되기 때문에 아이들이 수학을 어렵게 생각하는 경우가 더러 있다. 이 때문에 초등학교 4학년 수학이 중요하다고들 한다.

그러나 대부분의 초등학교 과정은 학교 수업을 열심히 하면 따라갈 수 있다. 우리는 초등학생 부모에게는 "그냥 충분히 놀게 하시고 책을 많이 읽히세요"라고 조언한다.

아이들의 성장 과정에서 해당 시기에 반드시 집중해서 지도해야 할 것이 있다. 초등학교 때 가장 중요한 것 중에는 사회성과 언어 감각이 있다.

언어는 사고의 외연이다. 아이들은 자신들이 사용하고 이해하는 언어 수준만큼 생각의 그릇도 넓어진다. 생각해보라. 우리의 생각이 언어를 거치지 않고 그저 이미지만으로 얼마나 깊어질 수 있는지. 감각적이고 단편적인 생각은 가능하지만 언어로 구체화되고 체계화되지 않으면 깊이 있게 정리되기 어렵다.

수학도 결국 사고의 확장이다. 사고의 틀이 넓어져야 수학적 이해력도 높아진다. 자연수의 사칙연산은 눈으로 보고, 손으로 확인할 수 있는 수의 세계다. 그러나 분수나 소수로 넘어가면 수의 세계는 추상화되기 시작된다. 여기서부터는 머리의 영역이다. 논리적이고 체계적인 사고의 힘이 필요해지기 시작한다. 언어를 통해 논리적 사고의 힘을 키울수록 수학적 사고의 힘도 커진다. 언어적 논리성과 수리적 개념이 좌뇌 영역인 것도 이와 동일한 맥락이다.

어려서부터 단순 연산만 반복적으로 연습시킨 아이들은 추상적 사고를 필요로 하는 수학과 맞닥뜨리면 어찌할 바를 몰라 쩔쩔맨다. 이런 아이들은 대부분 언어 영역의 발달도 빠르지 않다.

언어 발달이 폭발적으로 이루어지는 시기에는 아이에게 되도록 많은 언어적 자극을 주는 것이 좋다. 어설프게 수학적 개념을 주입하려 했다가는 오히려 아이의 언어 발달을 지체시킬 수 있다.

언어 발달이 충분히 이루어진 후에는 수학기호보다는 언어를 통한 수학적 개념을 익히는 것이 좋다. 시중에 나와 있는 수학 동화를 활용하면 언어를 통한 수학적 개념을 익힐 수 있다. 언어를 통한 수학적 개념을 충분히 익힌 아이들은 이후 문장제 수학 문제를 만나도 잘 대처할 수 있다.

스토리텔링 수학을 도입하려는 애초의 취지 역시 이와 같았을 것이다. 그러나 언어 발달이 충분히 이루어지지 않은 아이들이 스토리텔링이라는 이유로 문장제 문제를 접하게 되면, 언어를 수학적 기호로 해독해내기보다는 문장제 문제의 유형을 외우고 기계적으로 풀게 된다. 소위 소금물 농도 문제, 거속시(거리, 속도, 시간) 문제가 대표적인 예다.

수학을 생활 속에서 재미있게 가르치려는 의도와는 달리 문장제 문제가 아이들에게 지루한 골칫덩어리가 되고 있는 것은 문장제 문제를 유형으로 암기하게 하기 때문이다.

🌿 초등학교 저학년까지는 수학보다는 국어 학습에 집중할 수 있도록 해주자. 책을 많이 읽히고 언어를 통한 사고의 틀을 충분히 확장시키자. 그래도 수학이 불안하다면 수학 동화를 읽히는 것으로 충분하다. 걸음마를 못 하는 아이가 장애물 경주를 할 수는 없지 않은가? 아이의 발달 과정을 충분히 이해하고 때를 기다릴 줄 아는 현명함이 중요하다.

보고 만지는 수학을 하라

초등학교 4학년 진우는 수학을 못한다. 그냥 못하는 수준이 아니라 덧셈, 곱셈도 절절맨다. 진우의 부모는 어려서부터 유난히 셈이 느린 진우 때문에 온갖 학습지를 풀게 하고, 학원을 다니게 해보았으나 진우의 수학 실력은 나아지지 않았다. 진우는 이제 숫자만 보면 머리가 아프다.

진우는 숫자를 너무 싫어했다. 가벼운 연산을 시켜도 진땀을 흘리며 한참을 고민했다. 부모와 상담한 결과 진우는 1에서 100까지의 숫자를 외우는 데 3년이 걸렸다고 했다. 수학 학습 장애가 의심되었다.

수학 학습 장애의 특징 중 하나가 1에서 100까지의 숫자를 추론해내지 못하는 것이다. 보통 아이들은 10 다음에 11, 12가 온다는 것을 알면 20 다음에 21, 22가 온다는 것을 쉽게 추론해낸다. 굳이 1에서 100까지의 수를 다 외울 필요가 없는 것이다. 1에서 10까지만 셀 줄 알면 다음은 어렵지가 않다.

그러나 수학 학습 장애가 있는 경우 10 다음의 수를 추론해내지 못한다. 20까지 외우고 난 후에도 21을 추론하지 못한다. 이런 아이들에게 1부터 100까지의 수는 각각 다른 100개의 숫자를 순서대로 외워야 하는 고통의 대상이다.

진우가 바로 이 경우에 해당되는 아이였다. 부모는 진우의 상태를 제대로 파악하지 못하고 지능이 낮지 않은 아이가 수학을 못한다면서 혹독한 연산 훈련을 반복하게 했다. 그 결과 진우는 간단한 셈은 외워서 풀 수 있게 되었다. 그러나 근본적인 수리력이 향상되지는 못했다. 오히려 수학이라면 진저리를 치게 되었다.

아이를 더욱 힘들게 만든 것은 수학에 대한 부모의 잘못된 생각이었다. 진우의 부모는 어려서는 연산 훈련을 많이 시켜야 하며 손가락 셈은 절대로 못 하게 해야 한다는 주변의 말을 듣고 진우에게 손가락 등의 도구를 사용하지 못하게 했다. 수를 추론할 수 있는 인지 영역이 현저하게 떨어지는 아이가 눈으로 보고 손으로 세는 과정조차 봉쇄당하자 수학 자체를 외면하는 지경이 되었다.

우리는 진우에게 손가락과 바둑알을 이용해 덧셈과 뺄셈을 가르쳤다. 직접 손으로 셀 수 있게 되자 아이의 표정이 한결 편안해졌다.

비단 진우처럼 수리력이 낮은 아이들만의 이야기가 아니다. 나이가 어릴수록 직접 눈으로 보고 손으로 만지며 수학을 이해하게 해야 한다.

분수를 처음 배울 때 아이들이 흔히 겪는 오류가 있다. 6이 8보다 작기 때문에 $\frac{1}{6}$이 $\frac{1}{8}$보다 작다고 생각하는 것이다.

이런 경우 아이가 좋아하는 피자나 케이크를 $\frac{1}{6}$조각과 $\frac{1}{8}$조각으로 나눈 후 어떤 조각을 먹을 것인지 물어본다. 당연히 $\frac{1}{6}$조각을 선택한다. 이때 아이에게 $\frac{1}{6}$조각이 $\frac{1}{8}$조각보다 크다는 것을 가르쳐준다.

분수의 덧셈과 뺄셈에 필요한 통분은 생각보다 매우 어려운 개념이다. 더하는 두 수의 분모의 최소공배수를 찾아서 분모를 동일하게 만드는 과정은 수리력이 뛰어난 아이가 아닌 한 꽤 오랜 숙련 기간이 필요하다. 분모끼리, 분자끼리 곱하고 나누는 곱셈, 나눗셈과 헷갈려하는 경우가 허다하다.

우리는 색종이를 오려서 단위분수의 개념을 가르쳐준다. 즉 $\frac{1}{6}$과 $\frac{1}{8}$은 크기가 다른 분수이기 때문에 더하기 어렵다는 것을 눈으로 보고 이해시킨다. 그리고 $\frac{1}{6}$을 다시 네 조각으로 잘라 $\frac{4}{24}$로 만들고 $\frac{1}{8}$을 세 조각으로 잘라 $\frac{3}{24}$으로 만들어야 비로소 크기가 같은 분수 모양이 되어 더하기가 가능하다는 것을 실제로 아이가 눈으로 확인하게 한다.

입체도형의 경우 블록을 활용해 직접 만들어보게 한 후 도형의 형태, 꼭짓점, 모서리의 개념을 알게 한 후 직접 세어보게 한다. 블록을 펼쳐 전개도를 확인하게 하는 것도 좋다.

눈으로 확인하고 손으로 만지며 오감으로 체험하게 하라. 설명만 듣고 문제를 푸는 것보다 이해도 빠르고 기억에도 오래 남는다.

나이가 어린 아이들은 수학적 개념을 추상화해 머릿속으로 사고하는 힘이 부족하니 실물로 보고 만지는 것이 매우 중요하다는 점을 잊지 말자. 손가락을 이용하든 바둑알을 활용하든 직접 눈으로 확인하는 과정을 통해 수학적 개념을 구체적으로 확장해나갈 수 있다.

아이가 수학을 잘하기를 원한다면 단순 연산 학습지를 계속 풀리는 것보다 다양한 도구를 활용해 수학을 직접 눈으로 보고, 손으로 느끼게 해서 수학하는 재미를 알게 하라. 실물적으로 수학적 개념을 익혀야 추상적 개념으로 확장해나가는 것도 훨씬 수월해진다. 마치 현실 세계에 대한 충분한 경험이 작가적 상상력을 넓혀주는 것처럼 말이다.

수학 만화의 순기능을 극대화하라

초등학교 5학년 현호는 학습 만화만 본다. 다른 책은 손도 대지 않고 오로지 만화책에만 열중하는 현호를 보며 엄마의 마음은 편하지 않다. 말이 학습 만화지, 어쨌건 만화책 아닌가? 게다가 현호는 학습 만화에서 학습적인 내용보다는 캐릭터들의 말장난에 열광하는 것 같다. 만화책을 계속 읽게 둘 것인가, 말 것인가가 요즘 현호 엄마의 고민이다.

한국의 초등학교 학습 콘텐츠는 정말 다양하다. 그중에서도 최근 아이들의 마음을 빼앗고 있는 것은 소위 학습 만화. 아이들에게 한자 열풍을 일으켰던 《마법천자문》의 엄청난 성공 이후 한국은 그야말로 학습 만화의 왕국이 되었다. 수학, 과학, 영어, 한국사, 세계사, 철학, 경제에 이르기까지 다양한 분야의 학습 만화가 쏟아져 나온다.

아이들은 유치원부터 중학교 저학년까지 학습 만화에 열광한다. 반면 부모들은 학습 만화를 어떻게 볼 것인가 혼란스럽기만 하다. 매일 만화책만 끼고 키득거리는 아이를 어떻게 해야 할지 난감하다. 《마법천자문》이나 《와이(why)》 시리즈를 읽히는 것까지는 좋았는데 《수학도둑》, 《과학도둑》, 《메이플스토리》까지 넘어가면 고민이 된다. 만화에만 빠져 도무지 책을 읽으려 하지 않는 아이의 모습이 최고의 고민거리다. 또, 아이가 만화의 부수적인 측면에만 집착하고 실제 학습적인 내용은 제대로 기억조차 하지 못하고 있는 것 역시 만만치 않은 고민거리다.

학습 만화에 대한 한 연구 보고서에 따르면 학습 만화가 학습적 효과를 발휘하는 집단은 중·하위권 아이들이 아니라 상위권 아이들이었다. 더불어 학습 만화는 읽기 능력 향상에는 큰 도움이 되지 않지만 추론 능력 향상에 도움이 되었다는 연구 결과도 있다.

만화책 한 권을 읽더라도 아이들마다 관심 있어 하는 부분이 다르기 때문에 효과도 제각각일 수밖에 없다.

그렇다면 학습 만화를 읽지 못하게 하면 아이들이 독서에 매진할 수 있을까?

다음은 초등학생 아이들과 수업 중 나눈 대화다.

교사: 《신데렐라》라는 동화를 볼 때, 어른들과 아이들의 차이는 무엇일까?

학생들: ?

교사: 어른들이 어릴 때에는 인터넷이 발달하지 않아서 책에서만 지식을 얻을 수 있었어. 그래서 신데렐라라는 착한 아이가 새엄마와 언니의 구박을 받다가 마법사 할머니의 도움으로 왕자와 결혼하게 된다는 이야기를 끝까지 책을 통해서만 읽어야 했지. 그러니까 다 읽고 나면 '착하게 살아야겠구나', 혹은 '신데렐라는 예뻐서 좋겠는

데' 등의 생각을 하게 되었지.

학생들: 우리는요?

교사: 요즘은 스마트폰으로도 《신데렐라》를 접할 수 있지. 책이 아니라 스마트폰으로 이야기를 만나면 신데렐라라는 아이가 살았는데 어머니가 병으로 돌아가셨다는 사실을 보면서 문득 어머니의 병이 궁금해지지. 그래서 클릭해봤더니 어머니의 병은 위암이었대.

학생들: (웃으며) 맞아요.

교사: 그래서 이번엔 위암이 궁금해서 클릭했더니 위암을 유발하는 음식들이 나와. 맵고 짠 음식이 나쁘다는 거야. 그런데 갑자기 매운 음식이 먹고 싶어져. 그래서 검색했더니 '불닭면'이 나와.

아이들: '불닭면' 진짜 매워요. 못 먹겠어요.

교사: 그래서 《신데렐라》의 결론은 '불닭면'을 사 먹는 걸로 되지.

아이들: (격하게 공감) 맞아요, 맞아요.

실제로 수업 시간에 아이들과 나눈 대화이고 아이들은 모두 정말 '격하게' 공감했다. 요즘 아이들은 부모 세대의 어린 시절과는 비교할 수 없을 정도로 다른 환경에서 자란다. 이미 디지털화해버린 아이들에게 책을 처음부터 끝까지 읽으라고 하는 것은 어쩌면 매우 아날로그화된 요구일 수 있다. 물론 아이들에게 독서는 매우 중요하다. 그러나 아이가 지식을 얻는 통로는 매우 다양해졌고, 부모는 이것을 받아들여야 한다는 것이다.

만화책 역시 아이들이 세상을 배우는 한 통로로 받아들여야 한다.

실제로 초등학교 6학년 아이들과 수업할 때, 수학 만화를 읽은 아이들이 수학적 개념과 용어를 받아들이는 것이 더 빨랐다. 예를 들어 피타고라스의 정리를 설명할 때 수학 만화를 본 아이들은 자세한 뜻은 모르지만 만화책을 통해 한 번은 본 적이 있는 용어를 친숙하게 받아들였고, 그래서 개념도 쉽게 이해했다.

앞의 연구 결과처럼 학습 만화가 학습적 효과를 제대로 발휘하는 것은 학습적 자극에 민감한 상위권 학생들일 것이다. 그러나 학습적 효과가 비교적 적다고 하더라도 학습 만화를 통해 아이들이 알게 모르게 접하는 지식이 전혀 없다고 볼 수는 없다.

더불어 비록 학습적인 효과는 적다고 하더라도 학습 만화를 통해 반드시 학습적 자극만 받아야 한다는 편견을 버려야 한다. 아이들이 학교에서 지식만이 아니라 또래 집단을 통한 인간관계와 사회를 배우듯, 아이들은 무엇이 되었든 자신이 관심 있어 하는 분야에 대해 다양한 방법으로 배워나가고 있다. 그리고 그러한 경험이 바탕이 되어 학습 분야로 이어지기도 한다.

아이를 키우는 부모는 누구보다 세상의 변화에 민감해야 한다. 아이들은 새것에 민감하기 때문에 변화된 시대에 가장 빨리 변하고 적응한다. 부모가 자신의 어린 시절을 기준으로 아이를 판단한다면 아이와 부모의 세대 차이는 절대로 좁혀지지 않을 것이다. 더군다나 세상이 변하는 속도는 갈수록 가속도가 붙듯이 빨라진다. 빠르게 변하는 세상, 빠르게 변하는 아이들을 이해하기 위해 부모는 부단히 노력해야 한다.

🌿 아이에게 학습 만화를 읽힐 것인가를 고민할 시간에, 변화하는 세상과 그에 따라 인간의 뇌가 어떻게 달라지는지 뇌의 가소성을 공부하는 것이 현명한 부모다. 학습 만화가 되었든, 인터넷 검색이 되었든 아이들이 세상과 만날 수 있는 다양한 창을 활짝 열어두어야 한다. 그것이 가지는 순기능을 증대시키고 역기능을 최소화하는 것이, 아이와 시대를 잘 이해하는 부모가 할 수 있는 일이다.

누가 가는 길인가?

대부분의 사람들은 주변 세상과 관계를 맺으며 살아간다. 그리고 세상에서 인정받고 꼭 필요한 사람이 되고 싶어 한다. 아이들 역시 정신적 문제가 있지 않은 한, 세상에서 꼭 필요한 사람이 되기 위한 꿈을 꾼다.

그렇다면 아직 세상을 알기 전 영유아기 아이들의 목표는 무엇일까? 잘 먹기? 잘 놀기?

영유아기 아이들의 목표는 '부모를 행복하게 하는 것'이다. 아이가 만나는 최초의 세상이자 가장 사랑하는 대상인 부모의 행복한 모습을 보기 위해 부단히 노력한다.

우연히 내게 된 옹알이 한마디에 환호하고 좋아하는 엄마를 보며 열심히 소리를 내고, 조금씩 몸을 뒤척거리자 열심히 응원하는 부모의 박수 소리에 젖 먹던 힘을 다해 생애 처음으로 몸을 뒤집는다.

아기 때 형성된 부모와의 애착 관계는 아이가 자라 복잡한 사회생활을 하게 된 후까지 가게 된다. 어린 시절 부모의 행복을 위해 최선을 다하던 아이의 마음이 알게 모르게 평생을 따라다니게 되는 것이다.

영아기에는 부모와 아이의 방향이 대부분 일치한다. 영아기 아이들이 학습적 성과를 낼 거라 기대하는 부모는 없기 때문이다. 그저 잘 먹고, 잘 자고, 연령에 맞는 신체 발달 과정을 보이면 대부분의 부모는 만족한다. 갓난아이에게 동화책을 읽어주는 부모는 많지만 학습 능력 향상을 위해 더하기, 빼기를 가르치는 부모는 없다.

아이가 말을 시작하면서 부모의 요구는 조금씩 달라지기 시작한다. '나중에 공부를 잘했으면 좋겠다' 혹은 '이러다 공부를 못하면 어쩌지?' 등 아이의 행동 하나하나가 공부와 연관되기 시작한다.

부모의 요구에 민감한 아이들은 이때부터 '공부'라고 하는 새로운 과제를 부여받기 시작한다. 공부를 잘해야 부모를 행복하게 해줄 수 있다는 생각이 무의식의 세계에 반영되기 시작하는 것이다. 부모를 행복하게 하기 위해 아이는 잘 먹고, 잘 놀기, 건강하게 자라기가 아니라 공부를 잘하기 위해 노력한다. 그러나 아무리 노력해도 부모의 공부 욕심은 한이 없다.

아이는 점점 자라면서 부모를 행복하게 해주는 것 외에 다른 목표가 생기기 시작한다. 부모보다 더 중요한 또래 집단과의 관계도 생겨난다. 아이에게는 수많은 새 목표가 생기지만 공부는 제외된다. 공부는 자신의 목표가 아니라 부모의 목표이기 때문이다.

아이는 공부를 강요하는 부모를 보며, 공부는 자신을 위한 것이 아니라 부모를 위한 것이라고 무의식적으로 생각하게 된다. 공부를 잘하면 당연히 부모가 그에 상응하는 보상을 해주어야 하며, 공부를 못하면 부모에게 혼날까 걱정이 앞선다. 지적인 호기심이나 자신의 미래에 대한 계획은 부모의 요구 속에 가려지게 된다.

나는 아이를 키우면서 공부 잘하라는 말을 한 적이 거의 없다. 그저

학교생활을 성실하게 잘 하라고만 했던 것 같다.

그런데 초등학생 때, 아이가 시험을 망쳤다며 우울한 얼굴로 집에 왔다. 시험지를 받아 드니 '엄마한테 혼나면 어쩌지' 하고 걱정이 됐단다.

"엄마가 시험 망쳤다고 혼낸 적 있어?"

"아니."

"근데 왜 그런 생각을 했어?"

"몰라, 친구들도 다 시험 못 보면 엄마한테 혼나니까…….."

부모가 나서서 공부하라고 다그치지 않아도, 공부 못한다고 야단치지 않아도 아이를 둘러싼 수많은 환경이 아이에게 공부에 대한 스트레스를 주고 있다. 부모는 그저 괜찮다고 격려만 해주어도 충분하다.

아이가 중학생이 되었을 때 또 한 번 시험을 망쳤다. 시무룩한 아이에게 시험 망쳐서 속상하냐고 물으니 고개를 끄덕인다.

"너한테 미안한데, 엄마도 좀 속상해해도 돼?"

다시 물으니 또 고개를 끄덕인다.

그러더니 기어이 눈물을 떨구며 운다.

"울고 싶으면 울어도 돼. 괜찮아. 그리고 다음엔 더 잘해보자."

나는 아이를 격려했다.

만약 시험을 망친 아이에게 "이것도 점수야? 너 미쳤니?"라는 식의 화를 냈다면 아이는 어떻게 되었을까? 아마 "나보다 더 못한 애도 있다"라며 변명하고 화를 냈을 것이다.

그러나 시험을 망쳐서 가장 속상한 사람은 부모가 아니라 아이여야 한다. 부모가 지나치게 화를 내고 속상해하면 아이는 부모의 분노로부터 자신을 보호하기 위해 자신의 감정 따위를 들여다볼 여유가 없어진다.

공부를 잘하고 싶은 것은 아이 자신의 욕구가 되어야 한다. 영유아기 시절 아이가 부모를 행복하게 해주기 위해 최선을 다해 노력했던 것처럼, 부모도 아이를 행복하게 해주기 위해 최선을 다해야 한다. 공부를 잘하는 것……. 그것도 아이가 행복해지기 위해 노력하는 과정에서 아이 스스로 찾아가야 하는 길 중 하나일 뿐이다.

단순 연산 학습지를 치워라

초등학교 5학년 지영이는 수학 학원이 좋다. 일단 학원에서는 지겨운 연산 문제를 풀라고 하지 않는다. 수학 문제 하나당 충분히 생각할 시간을 주고, 또 문제마다 정답이 하나만 있는 것이 아니다. 정답이 있는 문제라도 다양한 풀이 방법이 있다. 또, 몸이 좀 피곤하거나 공부가 하기 싫은 날은 선생님과 보드게임을 하다 집에 가기도 한다. 그래서 지영이는 수학 학원이 좋다.

그러나 엄마는 다르다. 엄마는 학원에서 숙제를 내주지 않고, 학교 시험 준비를 해주지 않는다고 학원이 싫다고 한다. 그래서 자꾸 지영이에게 학원을 옮기자고 한다.

2+3=? 초등학교 저학년이 푸는 더하기 문제다.

2+3=5다. 정답은 반드시 5다. 5 이외의 다른 수는 2+3의 답이 될 수 없다. 부분 점수 따위는 있을 수 없다. 맞히거나 틀리거나 둘 중 하나다.

그런데 이 문제를 거꾸로 내보자. 더해서 5가 되는 수는?

2와 3, 혹은 1과 4, 0과 5……. 더 나아가면 −1과 6, $\frac{1}{2}$과 $\frac{9}{2}$…….

정답은 그야말로 무궁무진하다.

두 문제의 차이를 느끼는가? 앞의 문제가 이미 정해진 정답을 찾는 문제라면 뒤의 문제는 아이 스스로 답을 만들어가는 문제다. 어느 문제가 더 좋을까? 당연히 뒤의 문제라고 답할 것이다.

그렇다면 우리 아이들은 어떤 문제를 더 많이 풀고 있을까? 아이러니하게도 전자의 문제다.

왜 이런 일이 발생할까?

초등학생 부모들은 '초등학교 때 연산을 잡지 못하면 나중에 힘들다'고 생각한다. 그래서 아이가 학교 시험에서 연산 실수를 하면 초조함을 감추지 못한다. 부모들의 이런 불안감을 비집고 각종 연산 훈련 학습지들이 집집마다 유행이다. 아이들은 하루에 50문제 이상 단순한 연산 훈련을 반복한다.

그 결과 아이들은 수학을 싫어하게 된다. 수학은 단순한 연산을 반복시키는 지루한 과목이 되고 만다.

그러다 조금 학년이 올라가면 이번엔 문장제 문제라는 난관에 봉착한다. 스토리텔링이라는 미명하에 국어 문제인지, 과학 문제인지 알수 없는 긴 문장의 수학 문제가 난무한다. 그러나 기계적으로 연산을 반복했던 아이들은 이 암호 같은 긴 문장의 글을 수학적으로 해석할 능력이 없다.

아이들이 문장제 문제에서 주저앉자 부모들은 이번엔 문장제 문제를 집중 훈련시킨다. 교과서에 등장하는 문장제 문제는 모두 유형화되어 있고, 이러한 유사 유형의 문제를 아이들은 계속 반복한다. 수학은 이제 암기 과목이 된다.

이렇게 수학을 배우게 되면 열이면 열, 모든 아이가 수학을 싫어하게 된다. 단순히 수학을 싫어하게 될 뿐 아니라 수학적 사고력 자체를 거세당하게 된다. 이 아이들에게 수학은 단순한 연산을 반복하거나 이미 정형화된 공식과 룰을 적용해 시험지를 채우는 단순노동이 된다.

그러나 고등학교 수학은 단순하지가 않다. 특히 대학수학능력평가(이하 수능)는 더더욱 그렇다. 수능에는 공식을 적용하는 것이 아니라 사고의 힘만으로 문제를 해결할 수 있는 능력을 확인하는 문제가 있다. 이 문제가 1등급과 2등급을 가르는 시금석이 된다.

초등학교 수학에 계산기를 활용할 것인가가 이미 논쟁거리가 되고 있다. 외국에서는 계산기를 사용하는 경우가 적지 않다. 이런 마당에 아이들에게 단순한 연산을 반복시키는 수학은 시대에 뒤떨어져도 한참 뒤떨어진 교육 방법이다.

수학교육을 상담하러 온 부모들이 모두 공감하는 내용이 있다.

'초등학교 때 세 자릿수 곱셈 연습을 많이 하는데, 정작 중·고등 학교 때는 세 자릿수 곱셈은 거의 안 나온다'는 사실이다. 수학적 개념이 복잡해질수록 연산은 단순해지는 경우가 많다.

물론 기본적인 연산은 할 수 있어야 한다. 그리고 이는 일주일에 네다섯 시간씩 학교에서 연습하는 것으로 충분히 해결할 수 있다. 게다가 단원 평가, 중간·기말 고사 기간에 교과서 문제를 다시 푼다. 이것만으로도 연산 연습 시간은 충분하다.

간혹 일부 아이들은 학교 수업만으로 연산 훈련이 잘 안 되는 경우가 있다. 이런 경우는 아이가 수업에 집중하지 않았거나 학교 교사가 선행 학습을 염두에 두고 충실하게 수업하지 않았을 확률이 높다. 이런 경우에도 연산 학습지를 풀게 하기보다는 연산 연습을 재미있게 할 수 있도록 보드게임이나 수학 게임 등을 활용하는 것이 좋다.

초등학생 아이들에게는 연산 연습보다 사고력 수학을 익히게 하는 것이 좋다. 사고력 수학을 마치 영재원 아이들을 위한 수업으로 오해하는 경우가 있는데, 아이의 수학적 능력에 맞추어 사고력 수학 교재를 활용한다면 아이로 하여금 수학 공부 하는 재미를 느끼게 할 수 있다. 초등학생을 위한 수학 교재, 보드게임, 교구는 이미 넘쳐난다.

수학 수업이 반드시 시험 성적 향상으로 이어져야 한다는 부모의 생각이 아이를 재미없는 수학에 묶어놓고 있는 경우가 많다. 앞의 사례에 등장한 지영이의 경우, 결국 학교 점수에 목을 맨 부모 강요에 못이겨 학원을 옮겼다. 지영이가 옮긴 학원은 학교 수학 중심의 일반 보습 학원이었다. 수학 수업을 좋아했던 지영이는 점점 수학에 흥미를 잃었고, 지금은 그야말로 억지로 수학 문제를 풀고 있다고 한다.

초등학교 수학 성적은 이후 아이의 학창 시절을 생각하면 정말 중요하지 않다. 그러므로 수학 성적에 목을 매 아이가 수학에 대한 흥미를 잃지 않도록 해야 한다. 고등학교 과정을 준비하는 방법은 연산을 능숙하게 할 수 있도록 하는 것보다 수학적으로 사고할 수 있는 힘을 길러주는 것이다.

흔히 "공부는 엉덩이 힘으로 한다"고들 한다. 그러나 생각하지 않고 그저 오랜 시간 책상 앞에 앉아만 있는다면 엉덩이 힘이 아무리 좋아도 학업 성취도를 높일 수는 없다.

수학에서 '엉덩이 힘으로 공부한다'는 뜻은 한 가지 문제를 해결하기 위해 거쳐야 하는 여러 단계의 사고를 아이가 지치지 않고 밀고 나갈 힘이 있느냐의 문제다.

단순한 계산으로, 혹은 유형의 암기로 수학 공부를 한 아이는 절대 고차원적인 수학 문제를 풀어갈 힘이 생기지 않는다. 어려서부터 문제 하나를 풀더라도 충분히 사고하고 상상력을 발휘하는 경험을 했던 아이들이 결국 최종 승리자가 된다.

지금 당장, 단순 반복 연산 학습지를 모두 치워버려라. 하루에 한 문제가 되었든, 두 문제가 되었든 아이가 흥미를 가지고 충분히 사고할 만한 문제를 찾아 아이와 함께 고민을 시작하자.

수학을 좋아하는 아이를 이길 수 있는 방법은 없다. 아이가 수학을 좋아할 수 있도록 아이의 상상력을 연산의 감옥에 가두지 말자.

초등 시기, 이것만은 꼭 하라

중학교 3학년 태진이는 뒤늦게 공부를 시작한 학생이다. 태진이는 초등학교 5학년부터 공부와는 담을 쌓고 지냈다. 그렇게 신나게 3~4년을 놀다 보니 어느새 중학교 3학년이 되었다. 슬슬 미래에 대한 고민이 밀려왔다. 그래서 뒤늦게나마 다시 공부를 시작했다. 그런데 수학이 문제였다. 무리수, 인수분해 등 수학 개념은 어렵지 않았지만 분수만 나오면 진땀이 났다.

많은 부모들이 초등학생 수학 공부를 어떻게 시켜야 하느냐고 묻는다. 특히 연산 연습에 대한 질문이 많다.

그런 질문에 대한 우리의 대답은 한결같다.

"아이에게 특별한 문제가 없는 한 연산 훈련을 반복적으로 시킬 필요는 없다. 단, 분수 연산은 제대로 할 수 있는지 확인하고 넘어가라."

물론 연산력이 부족한 아이들도 있다. 이런 아이들의 경우 연산 훈련을 하게 하되 아이가 지루해하지 않는 수준에서 시키는 것이 좋다. 연산 훈련을 위한 각종 보드게임이나 컴퓨터게임 등을 활용하는 것도 좋은 방법이다.

자연수의 연산과 달리 분수는 난이도가 높아 훈련이 필요한 영역이다. 자연수의 연산은 일상생활에서 자연스럽게 익힐 수 있는 반면 분수 연산은 그렇지 않기 때문이다.

1차 수학 포기자가 발생하는 지점이 바로 분수 연산이다. 분수는 수를 쪼개어 작은 단위의 새로운 수를 창조해내는 과정이다.

1을 3으로 쪼개면 $\frac{1}{3}$이라는 새로운 수가 만들어진다. 또, 1을 5로 쪼개면 $\frac{1}{5}$이라는 또 다른 수가 만들어진다. 이때, $\frac{1}{3}$과 $\frac{1}{5}$은 단위가 다른 수이므로 함부로 더하거나 뺄 수 없다.

$\frac{1}{3}$과 $\frac{1}{5}$을 더하기 위해서는 $\frac{1}{15}$이라는 새로운 단위분수를 활용해 모양을 통일해주어야 한다. 리터와 세제곱미터라는 다른 단위를 동일한 단위로 환산해 계산하는 것과 같은 이치다.

분수에서 가장 중요한 개념은, 분수는 나누기의 의미를 내포하고 있다는 점과 단위분수 개념이다.

우리는 분수가 나누기의 의미라는 것을 설명할 때 사냥에 관한 예를 주로 든다.

사람 다섯 명이 사슴을 한 마리 사냥하면 한 사람이 먹을 수 있는 양은 얼마일까?

당연히 $\frac{1}{5}$마리다. 즉, 사슴 한 마리를 다섯 명이 '나누어' 먹는다는 것이 분수의 의미다. 두 마리를 여덟 명이 잡았다면 두 마리를 여덟 명이 나누어서 한 사람당 $\frac{2}{8}$를 먹게 된다.

그렇다면 아침에는 나를 포함한 다섯 명이 사슴 한 마리를 잡고, 저녁에는 나를 포함한 세 명이 사슴 한 마리를 잡았다면 내가 먹을 수 있는 사슴은 몇 마리일까?

여기서 분수의 셈이 필요해진다.

$\frac{1}{5}+\frac{1}{3}$이므로 답은 $\frac{8}{15}$이 된다. $\frac{1}{5}$마리와 $\frac{1}{3}$마리를 각각 3조각, 5조각으로 다시 나누어 전체를 15조각으로 맞추어야만 비로소 더하기 계산이 가능해지는 것이다.

사실 이는 대단히 어려운 과정이다. 초등학생이 이해하기는 쉽지 않기 때문에 색종이가 되었든 케이크가 되었든 피자가 되었든 실물을 눈으로 보고 이해하는 과정이 반드시 필요하다.

초등학교 시기에 분수에 대해 제대로 이해하고 충분히 훈련해야 한다. 분수는 생각보다 어렵고, 많은 연습이 필요하므로 아직 어려운 수학적 개념이 많이 나오지 않는 초등학교 때 제대로 배워두고 넘어가야 한다.

이 시기를 놓치고 중학생이 되면 음수, 유리수와 무리수 등 추상적인 수의 세계가 대거 등장하게 되고 분수 셈이 잘 잡히지 않은 아이들은 허둥지둥하면서 자칫 수학적 연산 자체를 놓쳐버릴 수 있다.

분수 연산은 되도록 초등학교 시기에 충분히 훈련할 수 있도록 지도해야 한다. 다만 분수 연산은 꽤 어렵기 때문에 자칫 아이가 흥미를 잃을 수 있으므로 활용 가능한 생활의 소재를 가지고 충분히 개념을 이해할 수 있도록 지도해야 한다.

초등학교 시기에 연산 훈련에서 흔히 범하는 오류는 소수 연산을 분수만큼 중요하게 많이 다룬다는 점이다. 실제 소수 연산은 고등학교 수학 과정에서 거의 쓰지 않는다. 소수는 분수의 분모를 10, 100, 1000이라고 하는 단위로 통일한 특정한 수이기 때문에 분수를 소수로 환산해 사용하는 것이 불편할뿐더러 $\frac{1}{3}$, $\frac{1}{6}$과 같은 무한소수는 표기할 방법도 없기 때문이다. 소수는 금리 계산 등 특정한 분야에서 주로 사용되며, 수학에서는 일반적으로 사용하지 않는다. 그럼에도 불구하고 초등학교 고학년 시기 아이들은 소수의 자릿수를 맞춰가며 열심히 소수 연산을 한다. 초등학교 시기 경계해야 할 복잡한 연산의 대표적인 사례가 바로 이 소수 연산이다. 특히, 6학년 2학기 원의 둘레와 넓이를 계산할 때 원주율을 3.14로 계산하게 하면서 소수 계산은 정점을 이룬다. 초등학생들이 가장 싫어하는 숫자가 바로 3.14다.

심지어 3.14 계산의 번잡함 때문에 시험 시간 안에 문제를 다 풀지 못하는 경우도 있어 일부 사설 학원에서는 3.14의 곱셈을 구구단처럼 외우게까지 한다. 그러나 이 3.14는 중학교 이후 거의 나오지 않는다. 중학교 이후 수학에서는 파이(π)를 사용하기 때문이다. 이처럼 초등학교 시기에 불필요한 복잡한 연산으로 아이들을 수학에서 멀어지게 할 필요는 전혀 없다. 생각해보라. 중학교 이후 수학에서 세 자릿수나 네 자릿수 곱셈을 사용한 기억이 얼마나 있는가? 소수점 세 자리 이하 연산을 한 기억은 또 얼마나 있는가? 거의 없을 것이다.

기본 연산은 실수 없이 잘 풀 수 있도록 가르치도록 한다. 그러나 복잡한 연산으로 진을 뺄 필요는 전혀 없다.

단, 분수 연산은 반드시 제대로 풀 수 있는지 확인하고 어느 정도

숙련이 될 정도로 훈련시킬 필요가 있다.

　사례의 태진이처럼 초등학교 시기에 분수 연산을 제대로 배우지 못했다면 시간과 공을 들여 분수 연산 훈련을 시켜야 한다. 중학생이라고 초등학교 수학을 무시한 채 넘어가려 하면 안 된다. 적어도 분수 연산은 매일매일 조금씩 지속적이고 꾸준히 훈련시켜야 한다. 연산은 한꺼번에 많이 푼다고 익숙해지는 것이 아니므로 하루에 20문제 혹은 30문제씩 목표량을 정해놓고 꾸준히 연습하는 것이 좋다.

🌿 고등학교 수학에서 나오는 어려운 개념 문제를 풀 때 분수 연산이 더 이상 발목을 잡지 않는다고 판단될 때까지 연습을 멈추지 말아야 한다. 초등학교 수학이라고 무시했다가는 큰 코 다치기 십상이다.

마음 맞는 친구들과 함께 공부하라

초등학교 5학년 상진이는 수학 학원을 너무 좋아한다. 한번 학원에 가면 다음 스케줄 따위는 잊어버리고 세 시간씩 놀다 온다. 학원을 안 가겠다고 하는 것보다는 낫지만 수업이 끝나고도 학원에서 한참을 놀다 오는 상진이 때문에 엄마는 고민이 많다. 상진이가 학원에 가는 목적이 공부가 아니라 친구들과 놀기 위해서인 것 같아서다.

간혹 부모들 중에는 친한 친구가 있는 학원에 아이를 보내지 않는 이들이 있다. 친구들과 노느라 공부를 소홀히 할까 걱정되기 때문이다. 그러나 어려서부터 공부에 유난히 소질이 있는 극소수의 아이들을 빼고 대부분의 아이들은 친구를 만나러 학원에 간다. 학원에서 친구들과 어울려 놀이인지 수업인지 헷갈리는 공부를 하고, 수업이 끝나면 수다를 떨기도 하고, 함께 스마트폰으로 게임도 하며 시간을 보내기도 한다.

특히 초등학생의 경우는 친구의 영향력이 거의 절대적이다. 친한 친구 없이 혼자 학원에 다니는 아이들은 학원에 적응을 못 하고 금세 그만두거나, 학원에 다니지 않는 친구를 데리고 와서 옆에서 기다리게 한다. 이런 경우 친구와 함께 공부를 하는 것보다 훨씬 악영향을 미친다. 아이는 수업을 빨리 끝내고 기다리는 친구에게 달려가야 한다는 생각에 수업에 집중하지 못하고 뭐든 건성건성, 대충대충 한다.

초등학교, 중학교 시기 친구는 부모보다 가깝고 중요한 사람이다. 부모가 아무리 말해도 들은 척도 안 하던 아이가 친구의 한마디로 갑자기 달라지는 경우가 허다하다. 심지어 대학 입시와 관련해 전문가의 상담보다 친구들의 근거 없는 풍문에 휩쓸려 이상한 판단을 하는 경우도 있다. 이러한 이유 때문에 좋은 학군으로 이사 가는 현상까지 생긴다. 좋은 친구들이 주위에 많아야 좋은 영향을 받는다는 것은 사실 부인하기 어려운 사실이다.

아이들이 친구를 좋아하는 자연스러운 현상을 억지로 막으려 하면 공부에 도움이 되기는커녕 역효과가 날 수 있다. 오히려 적극적으로 친구와 함께 하는 프로그램을 만들어주고 놀이와 공부를 함께 하게 하는 것이 좋다.

초등학교 시기는 물론 중학교 저학년까지는 마음이 맞는 친구들과 그룹으로 함께 공부하는 프로그램을 적극 활용하기를 권한다. 특히 수학의 경우 친구들과 협력과 경쟁을 통해 문제 해결력을 키우는 것이 좋다.

우리는 일주일에 한 번 '학년 통합 수학' 수업을 진행한다. 초등학교 5학년과 6학년 혹은 중학교 1학년과 2학년 각각 한 명씩 짝을 지어 난이도가 있는 수학 문제 열 문제 정도를 주고 합동으로 풀게 한다. 그리고 각 팀의 저학년이 대표로 문제를 풀게 하는 게임을 진행한다. 수업은 약 두 시간 반가량 진행하는데, 아이들 중 누구도 지루해하거나 딴짓을 하지 않는다. 중학생 특유의 활기는 넘치지만 아이들은 꽤나 진지하게 문제를 연구하고 풀어나간다. 팀 대표가 칠판에 문제를 풀 때는 고학년들이 경쟁적으로 코치를 하기도 한다. 수업에 대한 반응은 매우 좋고 교사가 설명하면 자칫 어렵고 지루할 수 있는 문제들을 아이들은 꽤나 창의적인 방법으로 풀어낸다. 심지어 일주일에 한 번인 수학 게임에서 이기기 위해 일주일 동안 수학 수업에 열심히 참여한다.

물론 교사는 특정한 팀이 계속 이기거나 지는 상황을 방지하기 위해 다양한 팀 배치와 적절한 도움을 주면서 아이들이 좌절(?)하는 일이 없도록 돕는다.

저학년 아이들은 교사의 설명보다 같은 세대인 형들의 설명을 더 좋아한다. 또한 고학년들은 저학년을 가르치기 위해 더 열심히 준비하고, 동생들을 가르치는 과정에서 수학적 개념을 스스로 정확하게 이해하게 된다.

공부에 대한 의지가 불끈불끈 솟아서 스스로 책상에 앉아 몇 시간씩 집중할 수 있게 되는 것은 비교적 목표가 명확해지는 고학년이 된 이후다. 저학년 아이들의 경우는 공부를 해야 하는 것도 알고, 또 잘하고 싶다고 생각하지만 당장은 친구들과 어울리고 노는 것이 훨씬 더 즐겁다. 그래서 공부는 항상 '이따가 놀고 나서'의 과제이거나 '오늘만 놀고 내일부터 열심히 하는' 과제다.

친구들과 헤어져 공부만 하라고 하면, 아이의 머릿속에는 '내가 없는 동안 친구들이 재미있는 놀이를 하면 어쩌지' 하는 생각이 매우 크게 자리 잡는다. 결국 시간 대비 효율성이 거의 없어지는 것이다.

우리는 강의실 사이에 카페형 열린 공간을 두었다. 그 공간에서 학생들은 공부도 하고, 수다도 떨고, 컵라면 따위를 먹기도 한다. 강의실 벽은 유리로 되어 있어서 카페에서 강의실을, 강의실에서 카페를 언제든지 볼 수 있다.

공간을 이렇게 배치한 이유는 공부와 놀이가 공존해야 한다는 취지에서다. 이곳에서 아이들은 공부를 하기 위해 친구와 생이별(?)을 해야

하는 아픔을 더 이상 겪지 않아도 된다. 잡담을 하다 공부하러 책상으로 가기 위해 자리에서 일어나야 하는 구국의 결단(?) 따위는 필요 없다. 공부하는 틈틈이 '어떻게 하면 이곳을 벗어날 수 있을까' 끊임없이 머리를 굴려야 하는 고된 두뇌 노동도 필요 없다. 오히려 강의실에 있는 친구들이 교사와 웃고 떠들며 수업하는 광경을 보며 은근슬쩍 수업 내용이 궁금해지기도 한다.

물론 고등학생들을 위한 밀폐된 자습 공간도 있다. 중학생과 고등학생은 전혀 다른 종류의 아이들이기 때문이다.

🌿 친구는 공부를 방해하는 장애물이 아니다. 친구는 공부라는 긴 레이스를 지루하지 않게 함께 뛰어주는 좋은 파트너다. 친구를 공부의 장애물로 만드는 것은 아이들이 아니라 공부와 놀이를 철저히 분리하고, 공부와 친구 중 하나를 선택해야만 하는 상황을 끊임없이 강요하는 어른들이 아닐까?

거꾸로 수업

매우 우연한 계기로 발견된 교육법이다.

학원 사정으로 매주 수요일에는 중학교 1~2학년 통합 수업을 진행해야 했다. 효과적인 수업 방법을 고민하다 2학년 한 명, 1학년 한명 이렇게 두 명씩 한 팀을 만들어 2학년이 1학년을 지도하고, 1학년이 2학년에게 배운 문제를 푸는 게임을 시도했다.

수업 효과는 기대 이상이었다.

천방지축 같던 아이들의 눈빛이 진지해졌다. 2학년은 최선을 다해 자신이 아는 지식을 동원해 1학년을 가르치기 시작했다. 교사와 수업할 때는 징징대던 1학년들도 2학년 형의 가르침에는 제법 성실한 자세로 임하기 시작했다. 때로는 2학년이 놓친 부분을 1학년이 바로잡아주기도 했다.

한 시간 동안의 팀별 문제 풀이와 지도가 끝나면 1학년들이 칠판에 자신들이 배운 풀이 과정을 쓰기 시작했다. 2학년들은 자신들의 제자(?)가 문제를 푸는 과정을 바라보며 답답한 듯 소리를 지르기도 하고, 잘했다고 환호성을 지르기도 했다.

그렇게 한 시간의 문제 풀이 대결이 끝나면 그 과정을 모두 지켜본 교사가 아이들이 푼 문제를 다시 한 번 정리해주었다.

아이들은 두 시간 반이 넘는 수업 시간 내내 1분도 지루해하지 않고 수업을 즐겼다. 심지어 수요일 수업을 잘하기 위해 한 주 동안 공부를 열심히 했다. 2학년은 1학년을 잘 가르치기 위해, 1학년은 팀의 승리를 위해 최선을 다해 공부했다. 아이들이 매주 수요일에 풀어내는 문제는 최고의 집중력과 사고력을 필요로 하는 고난이도의 문제들이었다.

얼핏 보기에 수업은 매우 정신이 없었다. 아이들이 곳곳에서 떠들고 웃고 장난도 쳤다. 1학년들이 칠판에 문제를 풀 때는 2학년들이 큰 소리로 코치도 했다.

그러나 수업인지 놀이인지 구분이 안 가는 두 시간 반 동안 아이들은 어떤 교사보다도 훌륭한 교사가 되었고, 어느 수업보다도 집중력을 발휘했다.

아이들이 주도적으로 만들어가는 수업의 힘은 세상 어떤 교사의 수업보다 효과적이고 훌륭한 수업이다.

우리가 이런 수업을 진행하고 있던 중, KBS에서 〈거꾸로 수업〉이라는 프로그램이 방영됐다. 우리 수업과 같은 방식을 '거꾸로 수업'이라고 부르고 있었고, 꽤 많은 사람들이 고민하고 시도하고 있었다. 좋은 교육을 하고 싶은 열망은 같은 모습으로 만나는 모양이다.

부모와 자녀의
신뢰도가 낳은 결과

현우와 수찬이는 초등학교 6학년 때부터 같은 학원에 다닌 친구 사이다. 현우는 어려서부터 영재 소리를 들으며 수학·과학 경시대회 상을 휩쓸고 다닌 아이다. 각종 영재원에서 공부하기도 했다. 반면 수찬이는 밝고 활동적인 아이다. 어떤 때는 100점을 맞기도 하지만 어떤 때는 50점도 맞는 아이다. 그런데 중학교 2학년이 되면서 이상한 일이 벌어졌다. 그토록 똑똑하던 현우가 도통 공부에 관심을 보이지 않고 게임과 스마트폰에만 빠져 살기 시작한 것이다. 반면 수찬이는 인생의 목표가 생겼다며 갑자기 공부 태도가 달라지기 시작했다. 중학교 2학년 중간고사에서 현우는 수찬이에게 큰 격차로 밀렸다.

'중2병'이라는 말이 있다. 중학교 2학년이라는 시기는 아이들이 극심한 사춘기를 겪을 때여서 심리적으로 매우 불안정해진다(아이에 따라 시기가 조금씩 다르긴 하지만 일반적으로 14~15세경에 많이 나타난다). 순하던 아이가 갑자기 반항하기 시작하고, 사소한 일에도 짜증을 심하게 낸다. 특히 부모와의 관계에서 그동안은 심리적으로 부모에게 유착되어 있던 아이들이 본격적으로 부모로부터 독립을 선언한다.

현우의 경우 중2병을 제대로 겪게 된 경우다. 현우의 부모는 어려서부터 유난히 영리했던 현우에 대한 과도한 기대로 초등학교 때부터 현우에게 적지 않은 학습량을 부과했다. 지적으로 발달한 아이였던 현우는 부모의 기대에 맞게 공부에 전념하는 착한 아이였다. 또래들이 다 가지고 있는 스마트폰도 없었고 컴퓨터 사용도 철저하게 제한되어 있었다. 책과 벗하며 공부를 잘하던 현우는 다른 부모들의 선망의 대상이었다.

그런 현우가 달라진 것은 중학교에 들어가면서부터였다. 현우의 부모는 현우가 중학생이 되면서 스마트폰을 사주었다. 현우는 스마트폰으로 친구들과 돈독해졌다. 지능이 높은 아이였으므로 스마트폰을 이용해 동영상 촬영과 편집도 시작했다. 틈틈이 친구들과 피시방을 다니며 게임의 세계에 흠뻑 빠졌다. 중학생이나 되는 아이를 매로 다스릴 수도 없는 일이었다. 현우는 점점 공부와 멀어졌다. 공부보다 훨씬 재미있는 세계를 뒤늦게 발견했기 때문이다.

반면, 수찬이의 부모는 어린 시절에는 충분히 노는 것이 가장 좋다고 믿고 아이를 충분히 뛰어놀게 했다. 수찬이는 초등학교 6학년까지 학습 관련 사교육을 일절 하지 않았다. 남들 다 하는 학습지 한 장도 한 적이 없다. 수찬이 부모는 틈틈이 아이와 함께 박물관이나 체험 학습 등을 다니고, 대부분의 시간은 아이가 충분히 놀 수 있도록 내버려두었다. 수찬이가 중학생이 되자 비로소 수찬이 부모는 수찬이와 미래에 대해 진지하게 이야기를 나누었다. 미래의 목표가 생기자 수찬이는 조금씩 달라지기 시작했다. 중학교 2학년이 되면서 수찬이는 목표로 하는 학교에 진학하기 위해 학습량을 늘렸다. 점점 성적이 오르기 시작했다. 수찬이는 목표를 향해 진지해지는 모습으로 중2병을 건강하게 겪었다.

어릴 때 똑똑한 아이일수록 부모는 욕심을 낸다. 훌륭한 사람이 될 수 있는데 혹시 시기를 놓치는 것이 아닐까 조바심이 난다. 때문에 아이에게 과도한 학습량을 부과하기 쉽다. 그러나 충분히 놀아야 할 어린 시절을 공부하는 것으로 보낸 아이들은 뒤늦게 놀이에 빠지는 경우가 많다. 어릴 때는 부모의 통제하에 있으므로 놀이와 학습을 적당히 조절할 수 있지만 청소년기 아이들은 부모의 통제를 벗어난다. 소위 늦바람이 난 아이들은 부모로서도 어찌해 볼 도리가 없다. 어설프게 아이를 통제하려 들었다가는 부모에 대한 반항심만 키우게 되어 오히려 관계가 더 나빠진다.

초등학교 때까지는 충분히 놀게 하는 것이 좋다. 물론 일부 아이들은 놀이보다 공부하는 것을 좋아하는 경우도 있다. 친구와 노는 시간보다 혼자 앉아 책읽기를 좋아하는 아이에게 일부러 놀기를 강요할 필요는 없다. 아이가 하고 싶은 대로 할 수 있게 내버려 두는 것이 가장 좋다.

그러나 아이가 공부를 좋아한다고 해서 부모가 짜놓은 학습량을 아이에게 강요하는 것은 금물이다. 부모가 아이를 통제할수록 아이는 자신의 미래를 위해서가 아니라 부모를 만족시키기 위해 공부한다는 생각을 강하게 하게 된다.

시험 날 아침 엄마와 싸웠다고 엄마에게 복수하기 위해 일부러 시험을 망치는 아이도 있었다. 그 아이는 자신이 부모에게 할 수 있는 복수는 공부를 못해 부모를 속상하게 하는 것이라고 생각하고 있었다. 부모를 속상하게 하기 위해 아이가 자신의 미래를 담보로 한 것이다.

초등학교 때, 혹은 그 전부터 부모는 아이에게 공부 잘할 것을 계속 강조한다. 심지어 공부를 가지고 선악을 가르기도 한다. 초등학생들에게 "공부를 못하는 것은 나쁜 게 아니야, 친구를 괴롭히고 남의 물건을 가져오는 게 나쁜 거지"라는 말을 했을 때, 다수의 아이들이 "정말 공부 못하는 게 나쁜 게 아니냐"고 되묻기도 한다.

이렇다 보니 아이들은 부모를 위해 공부를 한다는 믿음을 갖게 된다. 시험을 망치면 당사자인 본인의 마음보다는 부모한테 혼날 걱정부터 한다.

본격적인 학습이 시작되는 중학교 이전에 아이들에게 가장 중요한 것은 공부하는 습관이 아니다. 공부하는 이유를 스스로 찾게 하는 것이다. 아이가 자신의 미래를 스스로 꿈꾸게 하고 미래를 위해 무엇을 준비할 것인지 고민하게 하는 과정이 필요하다. 부모가 아이의 꿈을 빼앗아 대신 꾸지 말자.

그러기 위해서 아이가 자신이 좋아하는 것을 충분히 해볼 수 있는 기회를 주자. 충분히 뛰어놀게 하고, 이미 대세로 굳어진 디지털 문화도 접하게 하는 것이 좋다.

무엇보다 아이에게 '부모는 내 인생에 도움을 주는 사람'이라는 믿음을 주는 것이 중요하다. 부모의 욕심을 위해 자신의 인생을 희생하는 것(희생이라는 말이 좀 과할지 모르지만, 아이들은 부모를 위해 억지로 공부하며 소중한 시간을 희생한다는 억울한 마음을 갖고 있다)이 아니라 자신을 믿고 기다려주는 부모의 도움으로 자신의 미래를 스스로 만들어간다는 생각을 갖게 해주자.

꿈꾸는 엄마가 되어야지…….

어린 시절 하늘의 별만큼이나 많은 꿈을 꾸던 나…….

어른이 되고, 부모가 되면서 현실의 벽에 갇혀

그 많던 꿈들을 다 잃어버렸다.

이제 더 이상 나를 위한 꿈을 꾸지 않고,

자라는 아이를 보며 아이의 꿈을 꾼다.

아이가 만들 미래를 상상하며 새로운 꿈을 꾼다.

그러나 아이의 꿈은 아이의 것. 부모가 대신 꾸는 것이 아니다.

부모는 자신의 꿈을 꾸어야 한다. 현실이 발목을 잡아도,

나이가 어깨를 눌러도 꿋꿋이 자신의 꿈을 꾸어야 한다.

그래야 아이 스스로 꾸어야 할 꿈을 대신 꾸며

아이를 현실의 벽에 가두지 않는다.

오늘도 다짐한다. 아이의 꿈을 대신 꾸는 엄마가 아니라,

아이의 미래를 대신 만드는 엄마가 아니라 끊임없이 나를 위한 꿈,

나를 위한 미래를 만드는 엄마가 되리라고…….

아이가 만들어갈 미래에 간섭하고, 참견하고, 평가하고,

발을 동동 구르고, 한숨 쉬는 부모가 아니라

그것이 무엇이 되었든 아이 스스로 만들어갈 수 있게

그저 지켜보고, 응원하며, 도와주는 부모가 되리라고…….

밤하늘의 별만큼은 아니어도, 수저통의 숟가락 수만큼

나의 꿈을 꾸고 만들어가는 꿈꾸는 엄마가 되어야지…….

어느 학부모의 글

❀ 부모가 더 이상 통제할 수 없는 사춘기 시절을 어떻게 맞이할 것인가는
아이가 어린 시절에 부모와 어떤 시간을 보냈느냐가 좌우한다. '내가
어떤 꿈을 꾸든 우리 부모는 나를 믿고 지지해줄 것'이라는 신뢰가 형성
된 아이가 건강한 사춘기를 보낼 수 있을 것이다.

상상력을 자극하는 수학을 하라

초등학교 4학년 민지는 수학보다는 동화책을 훨씬 재미있어하는 여자아이다. 수학을 싫어하는 민지가 걱정된 부모는 민지를 데리고 각종 수학 학원을 다녔지만 여전히 민지는 수학이 싫다. 수학 문제를 풀 시간에 동화책을 읽고, 만화책을 읽는 것이 100배는 더 좋다.

스토리텔링 수학을 도입하겠다고 해서 온 나라가 시끄러웠던 적이 있다. 수학에 스토리를 도입한다는 것은 상당히 바람직한 발상이다. 공식 암기, 문제 풀이의 단순하고 지루한 수학이 아니라 생각의 힘을 키우는 수학을 하겠다는 것이 애초의 취지다. 그런데 이렇게 좋은 취지에도 불구하고 스토리텔링 수학으로 인해 사실상 학생들은 더 괴로워졌다. 시험에서 문장제 수학 문제가 대폭 늘어난 것이다.

초등학생들에게 네댓 줄짜리 긴 문장을 주고 이를 수학기호화하라고 요구한다. 수학 시험이라고는 하지만 국어 시험, 과학 시험 같다. 아이들의 창의력을 요구하는 신선한 문제보다는 유형화된 문장제 문제가 판을 친다.

"농도 문제는 이런 식으로", "거속시 문제는 이런 식으로", "일량 문제는 이런 식으로"……. 공식을 암기하는 것을 넘어 이젠 각종 문장제 문제의 유형까지 암기해야 할 지경이다.

스토리텔링 수학 도입 이후 학교 시험 대비가 훨씬 어렵고 복잡해진 것은 물론이고, 아이들은 수학을 더 싫어하게 된 것 같다.

수학에 스토리를 도입하는 것은 매우 바람직하다. 민지처럼 수학보다는 스토리가 있는 수업을 훨씬 좋아하는 아이들이 많기 때문이다.

민지는 학원에서 스토리가 있는 수학 수업을 몇 번 진행한 후 수학을 좋아하게 되었다.

다음은 민지와 함께 진행한, 스토리가 있는 수학 수업의 예다.

그래프를 이용한 스토리 만들기
문제

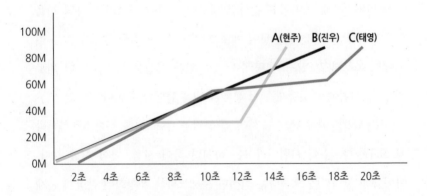

A, B, C 세 명이 달리기를 하고 있다. 위의 그래프를 가지고 이야기를 만들어라.

풀이 과정

1) A, B, C에 각각 아이와 아이의 친구 이름을 붙여준다.

→ 예〉 A는 현주, B는 진우, C는 태영

2) 아이에게 세 친구가 달리기를 한 결과를 보고 이야기를 만들어 보라고 한다.

→ 예〉 현주, 진우, 태영이가 달리기를 시작했다. 현주와 진우는 출발 신호와 함께 출발을 했는데 태영이는 딴짓하다 출발 신호를 못 듣고 2초 후에 출발했다. 달리기를 시작한 후 현주는 태영이가 출발하지 못한 사실을 알고 6초 동안 주춤하며 어쩔 줄 몰라 했다. 그사이 진우는 꾸준히 달렸다. 뒤늦게 출발한 태영이는 현주가 주춤한 사이 현주를 추월하며 힘차게 달렸다. 그러다 힘이 빠져 속도가 느려졌다. 나중에 속력을 냈지만 꼴찌가 되었다. 현주는 태영이를 기다렸으나 태영이가 현주의 마음을 몰라주고 자신을 추월하자 화가 나서 갑자기 힘을 내 속도를 높였다. 결국은 현주가 1등을 했다. 친구들과 관계없이 자기 갈 길만 가던 진우는 꾸준히 달렸지만 현주의 분노의 질주를 막지는 못했다.

효과

_ 아이들이 그래프를 이야기로 풀어가면서 그래프의 의미를 이해할 수 있다.

_ 주변 친구들의 이야기를 하면서 수학이 일상생활과 밀접하다는 것을 배울 수 있다.

_ 수학에 재미있는 이야기를 더하면서 상상력과 사고력을 향상시킬 수 있다.

스토리로 리그와 토너먼트 이해하기

문제

여섯 팀이 리그 방식으로 경기를 할 때 경기의 총 횟수와, 토너먼트 방식으로 경기를 할 때 경기의 총 횟수를 각각 구하시오.

풀이 과정

1) 아이들에게 여섯 팀의 이름과 시합 종목을 정하게 한다.

→ 예〉 '진우와 날라리'들, '현주와 날씬이'들 등 여섯 팀이 축구 경기를 한다.

※ 아이들은 이름을 정하는 과정을 매우 즐기며, 이 과정을 통해 수학에 대한 관심이 증폭된다.

2) 리그 방식으로 팀별 경기를 진행한다.

→ 예〉 '진우와 날라리'들이 '현주와 날씬이'들과 축구 경기를 했다. '날라리'들이 반칙을 하며 덤볐으나 '날씬이'들이 날렵하게 요리조리 피하며 마침내 경기에서 승리했다.

이런 식으로 경기를 진행하면서 총 몇 개의 경기가 진행되었는지 세게 한다.

3) 이번에는 토너먼트 방식으로 각 팀별 경기를 진행한다.

이때에도 리그 방식처럼 다양한 이야기를 만들어 승부를 가르게 한다.

최종 우승 하기까지 총 몇 팀을 이겨야 하는지를 세어보게 한다.

4) 리그와 토너먼트 방식에서 필요한 게임 수를 일반화한 공식으로 보여준다.

효과

_ 아이들이 흔히 접하는 리그와 토너먼트 방식으로 '경우의 수'를 이해할 수 있다.

_ 공식으로 배우면 자칫 어렵고 재미없어할 '경우의 수'를, 즐겁고 재미있게 이해할 수 있다.

_ 배우는 과정이 즐겁기 때문에 '경우의 수' 단원 자체를 재미있는 단원으로 인식하게 된다.

스스로 수학 문제를 스토리로 표현하게 하자 민지는 수학에 갑자기 관심을 보이며 재미있어했다. 스토리텔링 수학을 진행할 때 가장 중요한 것은 정해진 정답을 강요하는 수학이어서는 안 된다는 점이다. 아이가 창의력을 발휘해 수학을 다양한 학문과 접목할 수 있게 해야 한다.

유형별 문장제 문제를 기계적으로 외워서 푸는 것은 공식 암기보다 더 독이 될 수 있다. 아이는 수식 앞에서는 물론 문장 앞에서도 생각을 멈출 것이기 때문이다.

✿ 수학을 싫어하는 아이에게는 정해진 답을 기계적으로 찾아가는 수학이 아니라 아이 스스로 다양한 이야기를 만들어낼 수 있는 수학을 알려주자. 수학이 생각보다 많은 상상력이 필요한 재미있는 학문이라는 것을 알게 될 것이다.

지수와 로그 같은 고등수학을 배우는 이유

대부분의 학부모들이 "구구단만 알면 됐지 어려운 고등수학까지 왜 공부해야 하나?"고 묻곤 한다. 심지어는 어지간히 공부를 했다는 부모들도 심심치 않게 이런 질문을 한다. 수학에 대한 부모의 태도가 이러니 학생들이 수학을 좋아할 리 없다. 그리고 수학을 좋아하지 않으니 수학 공부란 것이 짜증날 수밖에 없다.

수학은 왜 필요한 걸까? 초등학생이라면 구구단이나 사칙연산 정도면 충분하다. 일상생활에 필요한 수학은 초등학교 수준 정도면 해결된다. 문제는 중학교 때부터인데 x를 다루거나 증명하는 따위의 수학은 일상생활과는 거리가 있다. 중학교 이상의 수학은 사실상 일상생활에서 쓰기 위해서 배운다기보다는 더 전문적인 무엇을 위해서 배우는 것이다.

화제를 돌려 대학에 가는 이유를 생각해보자. 당신은 자녀가 대학에 가서 무엇을 하기 바라는가? 가령 고장 난 자동차를 고칠 수 있는 기본 상식을 알기 위해 공대에 가거나, 일상생활에 필요한 법률 지식을 얻기 위해 법대에 가길 바라지는 않을 것이다. 공대나 법대에 가길 바라는 이유는 일상생활에서는 얻을 수 없는 특별한 전문 지식을 배웠으면 해서일 것이다.

수학도 마찬가지다. 일상생활에 필요한 사칙연산을 다룰 거면 고등수학을 공부할 이유는 없다. 고등수학은 특별한 전문 지식을 갖기 위한 전문 과정의 일환으로 배우는 것이다.

그럼에도 의문은 남는다. 공대나 의대, 법대 등은 거기서 배우는 전문 지식이 어디에 쓰이는가가 명확하다. 반면 수학은 다소 모호하다. 그렇기 때문에 유독 수학에 대한 의문이 제기되는 것 같다.

모든 과학기술은 수학이라는 언어로 쓰여 있다. 이는 대학에서 공부하는 다수의 의학·공학 지식이 영어로 쓰여 있는 것과 같다. 영어를 배우는 것은 일상생활에서 의사소통할 수 있는 언어를 배우기 위해서이기도 하지만 근본적으로는 영어로 된 전문 서적을 읽기 위해서다. 수학도 마찬가지다. 물리학을 하든 생물학을 하든 심지어는 경제학이나 사회학을 하더라도 수학은 필수적이다. 그렇기 때문에 어려서부터 영어를 배우듯 수학을 배우는 것이다.

수학이 기초 학문이긴 하지만 문제는 있다. 학생들의 지향에 따라 수학의 수준이나 정도는 달라질 수 있다. 공대를 지망하는 학생이라면 수학을 하지 못하면 아무것도 할 수 없다. 기계공학이나 토목공학에 필요한 기술 자체를 이해할 수 없을 것이다. 그러나 문학을 하는 학생이라면 수학을 배워야 할 이유는 떨어진다. 수학교육에서 문제가 되는 것은 학생들의 지향을 고려하지 않고 모두에게 어려운 수학을 요구하는 데 있다.

수학의 수준도 기초 교양이라고 하기에는 너무 많고 깊다. 학생들을 가르치다 보면 '이렇게 어려운 내용까지 가르칠 필요가 있을까?' 하는 의구심이 들 때가 많다. 따라서 정말 기초 교양에 필요한 수준까지만 가르치는 것이 좋겠다.

수학을 가르치는 정도를 학생들의 지향이나 수준에 맞게 조정하는 것이 좋지만 전반적인 수학 공부는 보다 강조될 필요가 있다. 이것은 향후 학생들이 살아갈 미래와 직결되어 있기 때문이다.

예를 들어보자.

단군의 실체와 관련해 논란이 되고 있는 《환단고기》라는 책이 있다. 《환단고기》에는 5000년 전에 나타난 천문 기록이 있는데, 이 기록을 검증한 것은 역사학자들이 아니라 천문학자들이다. 천문학자들은 컴퓨터 시뮬레이션을 통해 이 기록이 사실에 부합함을 입증했다.(KBS 역사스페셜 〈추적! 환단고기 열풍〉)

전통 역사학의 기본 소양은 문자 해독이었다. 한문이나 라틴어 아니면 이제는 사라진 고어까지를 공부하여 문헌을 해독하는 것이 기본 소양이었다. 점차 역사학의 수준이 높아짐에 따라 문자 해독보다는 천문학이나 탄소연대측정법과 같은 자연과학적 지식이 필요하게 되었다.

정치학이나 경제학도 마찬가지다. 예전에는 주로 사회를 구성하는 인간들의 심리 상태를 추정하거나 가상했다. 성선설이니 성악설이니 하는 것들이 모두 특별한 과학적 기초를 근거로 했다기보다는 학자들이 그렇게 추정한 것에 지나지 않는다. 그런데 인류학이나 생물학이 발달함에 따라 전에는 미지의 세계로 간주되었던 인간의 심성, 본질을 이해하는 과학적 단초가 열렸다. 수백만 년 전 동부아프리카에서 진화한 인류의 습성을 연구함으로써, 또는 분자생물학을 통해 그것을 과학적으로 규명할 수 있게 된 것이다. DNA니 미토콘드리아니 하는 생물학의 기본 내용을 알지 못하면 사회과학을 할 수 없는 시대가 된 것이다.

따라서 학생들의 처지와 지향에 따라 배워야 할 고등수학의 수준을 조정할 수는 있지만 수학이나 과학 공부는 전반적으로 강화되어야 한다.

수학을 공부해야 하는 또 다른 이유는 일정한 또는 상당한 과학 지식이 기본 교양이기 때문이다.

우리는 시간과 공간은 어디서나 일정하다고 생각한다. 그러나 아인슈타인의 상대성이론에 따르면 시간과 공간은 변화한다. 빨리 달리는 물체의 입장에서는 시간이 느리게 가고 중력이 있는 곳에서는 빛이 휜다.

시공간이 절대적인가 상대적인가는 시대관과 밀접한 관련이 있다. 일상생활에서는 아인슈타인의 상대성이론을 적용할 이유가 없다. 그 차이가 너무 미세해서 무시해도 좋기 때문이다. 그런데 내비게이션을 작동하려면 상대성이론에 따라 시간을 보정해주어야 한다(위성이 빠른 속도로 움직이기 때문에 시간이 느려진다. 이 차이를 보정해주지 않으면 내비게이션은 무용지물이 된다).

점차 우리 생활에 밀접한 영향을 끼치는 신기술들은 전통 과학이 아니라 첨단 과학에 기초하여 제작된다. 따라서 첨단 과학에 대한 감수성이 높을수록 새로운 기술을 받아들일 여지가 커진다.

실제로 같은 스마트폰을 쓰더라도 고령 세대는 과거 핸드폰과 비슷한 수준에서 사용한다면, 청소년 세대는 이를 컴퓨터처럼 사용한다. 그리고 청소년 세대에게는 아예 스마트폰이 그들의 일상이다.

시대의 흐름은 매우 정직하다. 낡은 것은 사멸해가고 새로운 것은 점차 입지를 넓혀간다. 우여곡절은 있겠지만 기본 추세는 명확하다. 따라서 낡은 사고, 낡은 과학, 낡은 감수성에 입각한 전망은 스스로의 입지를 좁히는 것이다. 반면 새로운 사고, 새로운 과학, 새로운 감수성은 미래에 대한 전망을 넓힐 것이다.

따라서 최신 과학기술 그리고 그것의 기초가 되는 수학을 배우는 것은 고도 지식사회에 반드시 필요한 덕목이다.

2장

수학 공부,
효과적으로 하고 있는가?

공부 효율을 높이기 위해 해야 할 것들

중위권 학생이 내신에 대한 부담을 덜고 수능에만 집중한다면 얼마든지 효율적인 공부가 가능하다. 수능은 출제 범위나 유형이 제한되어 있다. 따라서 수능에 특화된 공부를 한다면 실력에 비해 높은 점수가 가능하다.

그런데 수학이 약한 학생이 과도하게 수학 그것도 중학교 수학이나 내신에 집중한다면 모든 것을 놓칠 위험이 크다.

교과와 입시에 대한 이해

효과적인 수학 공부를 위해서는 교과와 입시 전반에 대해 이해할 필요가 있다.

대입에 필요한 수학은 내신·수능·논술이 있다. 경험적으로 보면 부모들의 가장 커다란 착각은 현재의 입시와 자신들 학창 시절 입시의 차이를 제대로 모른다는 점이다. 과거 학력고사는 국·영·수를 비롯한 전 과목 시험 점수를 단순 집계하여 당락을 결정하는 식이었다면, 지금은 다종다양한 입시 전형이 있어 그에 따라 수학의 비중이 달라진다.

또 하나 고려해야 할 점은 수학의 난이도다. 예전에는 고교 수학과 입시의 난이도가 높지 않았다. 따라서 뒤늦게 공부를 해도 어느 정도 만회가 가능했다. 그런데 현재 수능의 난이도는 매우 높다. 특히 이과 수학의 경우 실질적으로 당락을 좌우하는 점수대(1~3등급)의 경우 난이도가 매우 높고 분량이 매우 많다.

이를 고려한 수학 학습 방법을 다음과 같이 제안해본다.

● 초등학교 입학 전부터 초등학교 저학년

되도록 책을 많이 읽는 것이 좋다. 수학을 하더라도 종이와 펜을 사용하기보다는 직접 만져보고 체험하는 수학을 하는 것이 좋다. 이 시기 과도한 공부는 역효과를 초래하기 쉽다. 특히 부모에 대한 아이들의 정서적 의존도가 절대적인 시기이니 아이가 공부 때문에 부모에게 부정적인 감정을 쌓지 않도록 주의해야 한다.

● 초등학교 4~5학년에서 중학교 2~3학년

현재의 초등학교 고학년에서 중학교 2~3학년 수학은 부모 세대가 학교에 다니던 35년 전과 조금도 달라지지 않았다. 정말 이해하기 어려울 정도로 비슷하다. 반면 학생들의 공부에 대한 경쟁은 훨씬 치열해졌다. 이런 상황에서 학교 시험이나 참고서는 학생들을 변별하기 위한 불필요한 문제나 연산을 개발하여 기형적으로 발전했다. 반면 대입 수학의 난이도는 매우 높아졌다. 예전 학력고사에 비하면 지금의 수능 수학은 비교하기 어려울 정도로 난이도가 높다. 이런 상황에서 중요한 것은 궁극적 목표인 대입을 염두에 두고 중학교 수학에 접근해야 한다는 점이다.

먼저 수학적 자질이 있고 공부에 흥미가 있는 학생은 중·고등 학교 과정을 통합해서 수학에 접근해야 한다. 수능에만 한정해서 본다면 수능 1~2등급은 만만치 않다. 2015년 이과 수학의 경우 1등급(상위 4%)이 100점이고, 2등급(4~11%)이 96점이며, 3등급(11~23%)이 90점 수준이다. 무려 상위 20퍼센트 정도가 90점 이상인 것이다.

수능은 총 30문제가 나온다. 그중 파이널(또는 킬러) 문제라고 하여 네다섯 문제가 매우 어렵게 출제된다. 1~2등급을 맞기 위해서는 난이도 높은 파이널 문제를 시간 내에 실수 없이 풀어야 한다. 이것은 단기간의 연습으로 가능한 작업이 아니다. 이런 문제만을 특별히 연습한 학생이 아니면 풀기 어렵다. 내신 부담이 없는 재수생이 수능에서 절대 유리한 이유가 여기에 있다.

이런 상황에서 상위권 학생들이 중학교 수학을 이중, 삼중으로 공부하는 것은 시간 낭비다. 특히 어려운 문제들은 대부분 1등, 2등을 가리기 위한 기형적인 문제이므로 풀어봐야 남는 것도 없다. 우리의 경험으로는 학생들 대부분이 이런 문제를 풀기보다는 그 시간에 고등학교 수학을 하는 것을 훨씬 좋아한다. 그리고 고등학교 수학에 익숙해지면 중학교 수학은 높은 안목에서 쉽게 다룰 수 있다.

중위권 학생들의 경우, 중학교 수학에 얽매이기보다는 포괄적으로 접근하는 것이 좋다.

● 고등학교 1학년부터

고등학교 1학년 1학기 수학은 중학교 1~3학년 과정을 종합한 내용이라 생각보다 어렵다. 그런데 이 부분은 수능에 출제되지 않는다. 중위권 학생들이 중학교 1학년에서 고등학교 1학년 1학기까지의 수학에 과도하게 집착하면 수학에 대한 흥미를 잃고 수학을 포기하기 쉽다.

중위권 학생들에게 권하는 바는 고등학교 1학년 1학기 수학을 기본 스킬 위주로 잡되 내신 점수에 너무 연연하지 않는 것이 좋다는 것이다. 특히 자신의 몸에 맞지 않는 난문 따위는 풀지 말아야 한다. 이런 문제들은 풀기도 어렵고 풀었다고 해도 남는 게 없다. 고등학교 3학년 때까지 갈 긴 여정에서 보면 역효과다. 고등학교 1학년 1학기 수학 가운데 2학년 이후의 과정에 필요한 기본 스킬을 튼튼히 잡되 나머지 시간에는 1학년 2학기 이후의 수학을 공부하는 것이 좋다.

정서적인 이유 때문에 학습량이 적은 경우라면 불필요하게 학생과 마찰하지 말고 때를 기다려 고등학교 1학년 1학기 수학까지는 가볍게 보고 고등학교 1학년 2학기 수학을 목표로 역전의 기회를 잡는 것이 좋다.

"고등학교 1학년 1학기 수학을 못하는데 어떻게 2학기 이상의 수학을 할 수 있느냐?"고 반문할지 모르겠다. 물론 양자가 관련이 있다. 그러나 지금의 중학교 수학은 고등학교 1학년 2학기 수학을 하는 데 필요한 요점 또는 최소한도를 가르치는 것이 아니라 그것과 무관하게 비정상적으로 팽창되어 있다. 따라서 정서적인 이유 때문에 학습량을 늘릴 수 없다면, 고등학교 1학년 2학기 이후의 수학에 필요한 최소한의 수학 학습을 통해 이후를 대비하는 것이 좋다.

열심히 공부했는데도 성적이 나오지 않는다면 포트폴리오를 조정하여 수학 대신 국어·영어·사탐 등에 집중하는 것이 좋다. 지금의 수능 수학은 단기간에 열심히 공부한다고 되는 수준이 아니다. 앞에서 언급했듯이 이과 수학 상위 20퍼센트가 90점 이상이다. 대입이 절대평가가 아니라 상대평가인 점을 고려하면 자신만 열심히 한다고 되는 것이 아니라 남보다 잘하는 것이 중요하다. 그런데 그 정도가 가히 살인적이다. 따라서 수학 실력이 약하다고 판단되면 무리한 경쟁을 지양하고 다른 부문에 집중하는 것이 좋다.

경험적으로 보면 3~5등급 학생들에게 가장 중요한 것은 수능 최저가 아닐까 싶다. 일반 고등학교(이하 일반고) 학생들의 경우 내신이 아무리 높아도 수능 최저를 맞히지 못하면 좋은 대학에 진학할 수 없다. 반면 내신의 변별력은 크지 않다(생각보다 매우 적다. 학교나 언론기관의 말을 섣불리 믿지 마시라. 대학들은 일반고 학생들보다 특수목적 고등학교(이하 특목고)나 자율형 사립고등학교(이하 자사고) 학생들을 뽑는 것을 선호한다. 이런 조건에서 일반고에 유리한 내신 비중을 키울 이유가 없다. 학교나 언론기관에서 내신을 강조하는 것은 화려한 겉치레지 알맹이 있는 진실이 아니다).

중위권 학생이 내신에 대한 부담을 덜고 수능에만 집중한다면 얼마든지 효율적인 공부가 가능하다. 수능은 출제 범위나 유형이 제한되어 있다. 따라서 수능에 특화된 공부를 한다면 실력에 비해 높은 점수가 가능하다. 그런데 수학이 약한 학생이 과도하게 수학, 그것도 중학교 수학이나 내신에 집중한다면 모든 것을 놓칠 위험이 크다.

15분 공부의 힘

중학교 2학년인 태호는 공부가 싫다. 수학도 싫고, 영어도 싫고, 논술도 싫고, 과학도 싫다. 하루 종일 학원을 돌지만 머리에 남는 것은 하나도 없다. 엄마의 강요로 각종 학원에 다니기는 하지만 그저 시간을 때우는 것이 목적이다. 일단 수업이 시작되면 태호의 뇌는 겨울잠을 자기 시작한다. 태호는 늘 엄마의 감시를 피해 학원을 땡땡이칠 방법만 생각한다.

처음 학원에 들어선 태호의 모습은 마치 도살장에 끌려온 소와 같았다. 고개를 푹 숙인 채 절대로 눈을 맞추지 않으며 부모와 교사가 어떤 말을 해도 듣지 않겠다는 의지가 흘러넘쳤다. 태호의 모습에는 체념을 넘어 분노까지 담겨 있었다.

우리는 고민 끝에 '하루 15분 수업'을 제안했다. 수업을 길게 하는 것이 좋은 수업이라고 굳게 믿는 부모에게 "수업료를 깎아줄 테니 우리를 믿고 맡겨 달라"고 설득했다. 부모와 교사가 15분 수업을 말할 때도 태호는 전혀 믿지 않는 표정이었다.

수업 첫날, 쉬운 문제 세 문제를 풀었더니 태호와 약속한 15분이 지났다. 물론 태호는 그 15분 동안 건성건성 문제를 풀었다. 정확히는

'푸는 척'을 했다.

우리는 태호에게 "약속한 수업 시간이 지났으니 이제 그만 가라"고 했다.

그때 태호의 황당해하는 표정이란……

태호는 "정말 가도 되냐"고 누차 확인하더니 좋으면서도 불안한 듯 엉거주춤 일어났다. 다음 날도, 또 다음 날도…… 우리는 정확히 15분씩만 수업했다.

한 달 정도 시간이 흐르자 태호가 달라졌다. 태호는 학교 끝나고 잠깐, 친구들과 피시방 갔다 집에 가는 길에 잠깐, 축구 하고 집에 가는 길에 잠깐 학원에 들러 15분 동안 문제를 풀고 갔다. 표정도 밝아졌고, 결석도 하지 않았다. 무엇보다 놀라운 변화는 비록 짧은 시간이지만 태호는 스스로 생각하기 시작했다. 그리고 혼자 힘으로 문제를 풀기 시작했다.

태호의 사례에서 말하고 싶은 점은 두 가지다.

첫 번째는 부모와 교사, 그리고 아이와의 신뢰의 힘이다.

대다수 아이들은 부모, 교사들의 거짓말에 속아왔다. 아이에게 "여기까지만 풀면 놀게 해준다"고 해놓고 아이가 잘 풀면 슬그머니 욕심이 생긴다. "한 문제만 더 하자", "조금만 더 하면 이번 시험 100점 맞겠다"며 회유하듯 약속을 어긴다. 이런 과정을 통해 아이들은 어른들을 신뢰하지 않게 된다. 적어도 공부에 관해서만은 어른들의 욕심이 끝이 없기 때문이다.

'잘하면 그만하는 것'이 아니라 '잘하면 조금만 더 하는 것'이 된다는 것을 경험 속에서 알고 있는 아이들은 절대로 잘하려고 하지 않는다. 하기 싫다고 징징대고, 아무렇게나 대충 해야 "조금만 더 하자"고 강요하지 않을 것이라 믿기 때문이다.

아이 스스로 "오늘은 조금 더 하겠다"는 요구를 하기 전까지 아이와의 약속은 무조건 지켜야 한다. 그래야 아이들이 어른을 신뢰하고 스스로도 약속을 지키기 위해 노력한다. 아이가 약속을 지키려고 노력하는 순간 전혀 다른 공부가 시작된다.

여기서 말하고자 하는 두 번째가 바로 이 부분이다. '공부는 양이 아니라 질의 문제라는 것'.

부모와 교사들은 아이들이 감당하기 어려운 학습량을 들이밀고 공부하라고 요구한다. 한국의 학교 수학은 그야말로 반에서 1, 2등 하는 모범생을 표본으로 설계되었다. 이런 학생은 매일 정해진 분량만큼 착실히 공부하고, 공부할 때는 딴짓을 하지 않으며, 교과서가 설명한 그대로 차근차근 질서를 밟아 생각하는 모범적인 학생이다. 아이들이 모두 이런 학생이라면 얼마나 좋겠는가? 하지만 대부분의 아이들은 전혀 그렇지 않다.

애초부터 협상이 되지 않을 학습량을 두고 실랑이를 벌이니 협상이 성사될 리가 없다. 공부를 둘러싼 부모와 아이의 혈투는 중학교 1학년 또는 중학교 어느 시점까지는 부모의 일방적인 승리로 끝난다. 거기에 물량식 사교육이 부모를 거든다. 사교육에서는 새벽 한두 시에나 끝날 법한 숙제를 내준다. 구멍이 뚫린 독에 물을 채우듯 공부는 한도 끝도 없다.

이렇게 되면 아이는 교묘하게 부모의 감시를 피해 갈 방법을 찾기 시작한다. 부모와 학원이 요구하는 공부 시간을 채우면서 생각을 멈춰버리는 것이다. 숙제는 말이 되든 안 되든 이집트 상형문자를 그리듯 마구잡이로 해댄다. 아이에게 숙제는 빈칸 채우기일 뿐이다. 부모는 아이가 '무엇을' 공부하는가보다 '얼마나' 공부하는가가 더 중요하다고 착각한다. 학원에 오랜 시간 앉아 있고, 산처럼 쌓인 숙제를 다 하면 아이가 공부를 많이 했다고 착각하며 만족해한다. 부모의 요구에 민감한 사교육 시장도 이에 편승한다. "공부하는 습관을 들여야 한다"는 허울 좋은 말로 길게, 많이 공부시킨다고 선전한다. 그리고 대부분의 학습량을 방대한 숙제로 대신한다. 사교육은 엄마를 만족시키면 그만이다. 3~4년 뒤에 아이에게 일어날 일은 걱정할 이유가 없다. 항생제를 마구 투여해서라도 당장의 병만 나으면 그만인 것처럼.

물론 책상에 앉아 오랜 시간 공부할 수 있는 힘도 중요하다. 그러나 그 시간은 아이가 사고할 수 있는 힘이 있을 때 의미가 있다. 아무 생각 없이 무의미하게 시간만 때우는 것은 시간 낭비일 뿐 아니라 오히려 독이 된다.

중학교 3학년부터 고등학교 1학년까지의 학생들은 정말 말로 표현하기 어려울 정도로 많은 수학 수업을 듣고 문제를 푼다. 그런데 다수의 학생들이 기본적인 분수 셈조차 제대로 하지 못한다. 이게 믿어지는가?

$a + \frac{1}{2}a$를 풀지 못하는 고등학생도 생각보다 많다. 많은 학생들은 초등학교 때 배웠던 이 단순한 수식 앞에서 쩔쩔맨다.

일차함수, 이차함수나 이차방정식에 들어가면 가관이다. 도대체 그 많은 수학 시간에 무엇을 했던 것일까? 아무 생각 없이 시간만 때운 공부의 후과는 생각보다 심각하다.

아이가 공부하기 싫어한다고 판단되면 공부를 하루 15분 정도로 제한하자. 경험상 공부를 하기 싫어하는 초·중등 학생이 집중할 수 있는 최고의 시간은 15분 정도다. 테드(TED)가 15분인 이유도 여기에 있지 않을까? 물론 15분 정도의 공부로 수학을 단시간에 정복할 수는 없다. 요점은 아이가 언젠가 '나도 공부를 해야겠다'고 마음먹는 순간에 공부할 수 있는 힘을 비축해두게 하자는 것이다. 부모들이여, 제발 때를 기다리며 참으시길……

🦔 테드(TED)

테드(TED. Technology, Entertainment, Design)는 미국의 비영리 재단에서 운영하는 강연회로, '널리 퍼져야 할 아이디어(Ideas worth spreading)'를 모토로 하고 있으며, 기술, 오락, 디자인 등과 관련된 강연회를 정기적으로 개최하고 있다.

테드는 미국뿐만 아니라 유럽, 아시아 등에서도 개최하고 있으며 'TEDx'란 형식으로 각 지역에서 20분 정도의 독자적인 강연회를 개최하기도 한다. 1984년에 창립되어 1990년부터 매년 개최되었으며, 특히 테드 강연회와 기타 강연회의 동영상 자료를 웹사이트에 올려 많은 인기를 끌었다.

초대되는 강연자들은 각 분야의 저명인사와 괄목할 만한 업적을 이룬 사람들이 대부분인데, 빌 클린턴, 앨 고어 등 저명인사와 노벨상 수상자들도 있다.

현재 테드를 이끄는 기획자는 전직 컴퓨터 저널리스트이자 잡지 발행자였던 크리스 앤더슨으로, 새플링 재단에 속해 있다. 2005년부터는 매년 '세상을 바꾸는 소망'을 가진 이들 세 명에게 테드상을 수여하고 있다. (위키피디아)

지적 욕구를 자극하라

중학교 1학년 한영이는 명랑하고 밝은 아이다. '공부도 좋지만 노는 게 더 좋다'는 유쾌한 가치관을 가진 잘 노는 아이. 한영이에게는 고민이 있다. 수학은 좋은데 갈수록 영어가 싫어진다는 것이다. "왜?"라는 물음에 대한 한영이의 답변은 간결하지만 명확했다. "영어 시간에는 선생님만 얘기해요. 한 시간 내내 우리는 말을 못 하게 하고 선생님만 말해요."

어른들에게는 수업 시간에 교사만 말하는 것이 너무 당연한 일일 것이다. 그러나 그것이 아이들 눈에는 이상하고 지루한 일인 것이다.

부모와 교사에게는 너무나 당연한 이런 수업 방식은 어떤 시대, 어떤 패러다임의 산물일 뿐이다.

근대 학교교육이 시작된 것은 국민국가와 산업화 때문이다. 전통적인 왕조 국가와 달리 국민국가는 나라에 대한 소속감을 갖는 '국민'이 필요했다. 어떤 사람을 나라에 대한 소속감을 갖는 국민으로 만들기 위해서는 국가, 국기 등의 여러 상징물이 필요하고, 자국의 역사나 지리에 대한 기본 지식이 필요하다. 이를 위한 전제가 모든 사람들이 말과 글을 알아야 한다는 것이다.

산업화 시대의 노동자는 전통 시대의 농민과는 달라야 했다. 농민은 자기 마음대로 필요한 때 일어나 일하고, 날이 저물면 적당한 시간에 일을 마무리한다. 그리고 그에게 필요한 지식은 주로 오랜 경험 속에서 체득된 노하우다. 그 노하우에는 몇 시 몇 분에 농약을 어느 정도 쳐야 한다는 계량적인 발상이 들어 있지 않다. 해가 어디쯤 있으면 모내기를 하고 달이 어떤 모양이면 무엇을 해야 한다는 식이다. 그러나 노동자에게 필요한 것은 시간을 맞추는 체질과 숫자를 읽을 수 있는 최소한의 지식이다. 옷을 만들기 위해 옷감을 30센티미터로 자르라는 요구를 이해하고 실행할 수 있어야 한다. 시계를 볼 줄 알아야 하고 기본적인 문자 해독과 수리력이 필요하다.

이와 같은 요구를 반영한 교육 시스템이 근대 학교다. 특히 한국의 학교는 더욱 그랬다. 짧은 시간에 문맹을 퇴치하고 셈을 가르치려면 적은 수의 교사가 짧은 시간에 많은 학생을 가르쳐야 했다. 그리고 교사와 학생이 주고받는 지식은 지식이 많은 사람이 적은 사람에게 일방적으로 가르치면 되는 단순한 것이었다.

그런데 세상이 변했다. 교과서에 있는 지식은 인터넷 검색만 해도 다 나온다. 종이에 쓰인 모든 지식은 누군가 그것을 집필하고 일정한 토론을 거친 후 인쇄 과정을 거쳐 시중에 나온다. 21세기의 시간 감각으로 보면 너무 늦은 것이다.

지식만큼 아이들도 변했다. 무엇보다 지식이 흐르는 방향이 다르다. 과거 지식은 나이 많은 사람에서 나이가 적은 사람으로 흘렀다. 경험 많은 노인이 젊은이에게 농사짓는 법을 가르친 것처럼 말이다. 그런데 최근의 지식이나 정보는 그렇지 않다. 누구나 접근 가능한 엄청난 양의 정보를 효과적으로 취합하고 정리할 수 있는 능력이 더 중요하다. 그런 면에서 아이들이 어른들보다 지식에 대한 접근과 활용도가 더 높을 수도 있다.

학생들은 학교를 벗어나 피시방에만 가도 총천연색의 스펙터클한 세계를 접할 수 있다. 그리고 스마트폰이 세상에 나온 이후에는 언제, 어디서든 이를 접할 수 있게 되었다. 이런 상황에서 초록색 칠판에 묵묵히 판서해나가는 교사를 보고 있는 심정이 어떻겠는가? 당연히 학교는 지루하고 따분한 곳이 되는 것이다. 이를 타개하려면 교사가 학생들이 쉽게 접근할 수 없는 최첨단 지식의 세계를 보여주거나 학생들의 참여를 유도할 수 있는 다양한 교습법을 익혀야 한다.

🌿 21세기 첨단 지식사회의 교과서라고 하기에는 한국의 학교 수학은 너무 지루하고 느슨하다. 보다 빠르고 효과적으로 학생들의 지적 욕구를 자극할 최첨단 교과서가 필요하다. 그러나 당장 그것을 기대하기 어렵다면 학생들에게 스스로 말하고 토론할 수 있는 기회를 주어야 한다.

잔소리는 이성적 사고를 가로막는다

중학교 1학년 준호는 2학기 중간고사를 망쳤다. 공부를 안 해서 망친 것이 아니라 일부러 망쳤다. 준호는 시험 당일 아침에 시험 기간에도 긴장하지 않는다는 이유로 엄마와 다퉜다. 엄마의 잔소리에 짜증이 날 대로 난 준호는 그날 시험 답안에 모두 1번을 체크해서 제출했다. 짜증 나게 하는 엄마를 골탕 먹일 수 있는 가장 효과적인 방법은 시험을 망치는 것이라고 생각했기 때문이다.

다수의 남학생들이 공부에 진절머리를 친다. 표현이 과하다고 생각할지 모르지만 이 표현은 오히려 점잖은 것이다. 정말 치를 떤다. 엄마들의 태도를 보면 이해가 간다. '어머니'라는 존재는 다함없는 애정과 사랑을 베푸는 고귀한 존재이지만, '학부모로서의 엄마'는 정상이 아니다. 특히 요즘 한국의 엄마들 대부분은 정상이 아니다.

어릴 적 가장 중요한 수학 공부는 손가락으로 세는 것이다. 손가락 셈을 하는 과정에서 학생들은 인류가 걸었던 지적 여정을 자연스럽게 되풀이한다. 수학적으로 보면 이 과정은 반드시 거쳐야 하는 매우 중요한 과정이다. 1, 2, 3이라는 숫자를 배우는 게 아니라 숫자 감각을 익히는 것이기 때문이다.

청소년기에 성춘향－이몽룡과 같은 사랑을 하지 못한 사람이 중년이 되어 늦바람을 피우듯, 해당 시기에 해야 할 경험을 하지 못하면 문제를 일으키게 된다. 손가락셈도 그런 것이다. 그런데 이 땅의 엄마들은 손가락셈을 채 익히기도 전에 연필을 쥐어주고 덧셈과 뺄셈을 가르친다. 손가락셈을 하면서 익혀야 할 가장 중요한 수학적 경험을 빼앗는 것이다.

그런 식으로 엄마들은 아이들이 말을 하고 걸음마를 익히기 무섭게 공부를 시키려 한다. 그런데 그 공부란 것이, 손가락으로 셈을 하고 혼자서 그림을 그리거나 하는 과정은 생략하고 어떻게든 펜과 노트로 고도로 추상화된 글씨와 숫자를 적어 내려가는 좁은 의미의 공부인 것이다.

그렇게 초등학교 저학년을 보내고 나면 아이들은 공부에 진절머리를 치게 된다. 그 정도가 너무 심해 무의식에 박혀 있다고밖에 볼 수 없다. 공부에 대한 염증이 무의식에까지 들어찼다는 것은 공부를 할 수 없는 상태라는 뜻이다.

중학교 1～2학년 정도에 이런 증상을 보인다면 무조건 놀려야 한다. 실컷 놀리고 정중하게 아이에게 사과한 뒤 그때부터라도 신뢰를 쌓아야 한다. 그렇게 하지 않으면 아이는 중학교 2～3학년 때 망가진다. 그 시기를 놓치면 공부가 문제가 아니라 부모와 자식 사이에 돌이킬 수 없는 앙금이 쌓이게 된다.

아이들이 엄마에게 욕하는 광경을 많이 본다. 그 수준도 놀랄 정도다. 대부분 순식간에 벌어지는 일이라 넘어가기는 하지만 마치 철천지원수를 대하는 것처럼 심한 욕을 할 때도 있다. 아이들은 압도적인 여론의 엄호하에 자신들에게 퍼부어지는 압박을 온몸으로 받는 대신 입에 담을 수 없는 욕설이나 분노를 통해 간간이 스트레스를 표출하는 것이다. 그리고 그보다 몇 배 더 부모에 대한 수동적 저항을 무의식에 심는다. 수동적 저항이란 의도적·무의식적으로 공부를 하지 않는 것이다. 공부하고 성적을 올리는 것은 (무의식에서) 복수의 대상인 엄마가 좋아하는 일이기 때문에, 일부러 공부를 하지 않거나 안 좋은 성적을 받는 것.

중학교 2학년을 경계로 아이들은 많이 변한다. 중학교 1학년 정도면 나름 가능성이 있다. 수학은 중학교 2~3학년부터 시작해도 늦지 않다. 중학교 3학년에서 고등학교 1학년까지 수학의 대부분이 고등학교 2학년 이상 수학에서는 쓸모없기 때문에 얼마든지 따라잡을 수 있다. 특히 남학생들은 그렇다. 그런데 중학교 3학년에서 고등학교 1학년까지 부모와 아이 사이의 불필요한 신경전이 지속되면 대책이 없다. 아마도 아이가 군대를 갔다 오고 난 후에야 감정이 수습되고 무언가를 도모할 수 있는 가능성이 생길 것이다.

부모는 무조건 참아야 한다. 말처럼 쉬운 일은 아니지만 이것 외에는 방법이 없다. 14~16세는 뇌가 급격히 발전, 변화하는 시기이고 이때 부모의 잔소리는 이성적 사고를 가로막는다. 부모의 잔소리나 불필요한 감정적 대치는 매우 치명적인 결과를 낳는다는 사실을 새겨두자.

연산 실수 바로잡기

중학교 2학년인 진호 엄마는 진호의 수학 성적 때문에 고민이 많다. 억지로 공부시키지 않고, 지루한 연산 공부를 시키지 않았던 덕에 진호는 수학을 좋아한다. 어려운 문제가 나오면 끈기 있게 제법 잘 풀어낸다. 그런데 수학 점수는 높지 않다. 연산 실수 때문이다.

구구단을 엉뚱하게 외우는 것은 물론이고, 심지어 더하기 빼기도 틀릴 때가 많다. 이 때문에 진호 엄마는 '어렸을 때 학습지라도 시켜서 연산을 잡았어야 했나' 하고 후회가 들 때가 있다.

중학교 1학년 재욱이는 수학이 만만하다. 그래서 모든 것을 암산으로 하려는 습관이 배어버렸다. 사칙연산은 암산으로 해도 문제가 없다. 그러나 고등수학을 암산으로 하려 하니 엉뚱한 답이 속출한다. 재욱이의 암산하는 습관은 진도를 나가는 데 장애가 되는 수준에 이르렀다.

대부분의 남학생들이 초등학교 고학년 때부터 중학교 때까지 어처구니없는 연산 실수를 한다.

$6 \times 5 = 35$, $7 \times 3 = 28$이라고 매우 천연덕스럽게 계산한다. 어려운

'문제를 잘 풀어놓고 마지막에 더하기, 빼기를 잘못해 엉뚱한 답을 쓴다. 이처럼 억울할 수가 없다.

실제로 상담을 하다 보면 남학생 부모들은 "연산 실수를 어떻게 하면 좋겠느냐?"는 질문을 많이 한다.

답은 그냥 내버려 두라는 것이다.

중학교 1~2학년 남학생들에게 한 문제, 한 문제 꼼꼼히 살펴 문제를 풀라는 것은 일단 아이들의 생리적 상태에 맞지 않는다. 이 시기 아이들은 대부분 차분히 노력하기보다는 한 방에 자신의 천재성(?)을 입증하고 싶어 한다. 그런 아이들에게 사칙연산 따위를 길게 생각하고 검토하는 것은 자존심 상하는 일일 수도 있다.

수에 대해 인지적 문제가 있는 것이 아닌 한 연산 실수는 시간이 지나면서 차츰차츰 해결되기 마련이다. 오히려 과도한 연산 훈련은 수학 자체에 흥미를 잃게 할 수 있다. 괜히 연산 실수 몇 개 잡겠다고 수학에 진저리를 치게 만든다면 벼룩 잡으려 초가삼간 태우는 꼴이 된다.

다만 아이들이 연산 실수로 인한 오답을 '그저 실수'로 치부하며 대수롭게 여기지 않는다면, '실수도 실력'이라는 점을 인지시키고 실수를 줄이기 위해 노력할 것을 당부하는 것 정도면 충분하다. 부모는 중학교 1~2학년 남자아이들에게 수학 성적은 90점이 사실상 만점이라고 보는 여유를 가져야 한다.

한편 사칙연산에 대해 관대한 대신 반드시 바로잡아야 하는 연산이 있다.

두 번째 사례의 재욱이와 같은 경우다. 바로 모든 계산을 암산으로 하는 버릇. 35×21 정도의 두 자릿수 곱셈까지는 암산으로 가능하지만 지수나 로그 수준의 영역에서는 자의적인 암산이 진도를 나가는 데 치명적인 약점으로 작용할 수 있다.

예를 들면 $2^3 = 8$이다. 그런데 대부분의 아이들이 2^3과 2×3을 헷갈려하며 6이라고 계산하는 경우가 많다. 지수와 곱셈은 전혀 다른 기호이므로 눈으로 보고 손으로 써가며 익숙해져야 할 필요가 있다. 그런데도 자꾸 암산으로 계산해 버릇하면 지수 자체를 이해하는 데 장애가 된다.

우리는 재욱이에게 이차함수의 꼭짓점을 찾는 과정과 유리수 지수 연산을 반복시켰다.

즉 $y = x^2 + 3x - 1$의 꼭짓점을 찾거나 $\frac{1}{\sqrt{2}} = 2^k$에서 k를 구하는 과정이다. 전자는 중학교 3학년 과정이고 후자는 고등학교 1학년 2학기 과정이다. 이런 문제를 소재로 택한 이유는 첫째, 수학은 만만히 보기 어려운 과목이라는 점, 둘째는 연산 과정에서 반드시 침착하게 대응해야 하는 어떤 순간이 있다는 점에서였다.

우리는 두 가지 문제를 번갈아 가며 집요하게 제시했다. 전자에서 꼭짓점을 찾기 위해서는 $3x$에서 '3의 반의 제곱한 수'를 찾아야 한다. 3의 반은 $\frac{3}{2}$이고 이것의 제곱은 $\frac{9}{4}$다. 이런 분수식을 암산으로 한다는 것은 중학교 1학년에게는 만만치 않은 일이다. 몇 번의 실랑이를 거쳐 재욱이는 연산 과정을 대충 짐작하지 않고 꼼꼼하게 푸는 버릇을 키왔다.

이 과정에서 우리는 이 시기 남자아이들의 속성을 역으로 이용했다. 중학교 1학년 남자아이들에겐 보통 거만함이 배어 있다. 그래서 아이가 감당하기 어려운 문제를 제시하여 자신이 갖고 있는 수학 지식이 별거 아니라는 점을 환기시켰다. '수학 따위'라고 생각했던 재욱이는 만만치 않은 문제 앞에 겸손함을 배우기 시작한 것이다. 그렇게 한참 지나서야 재욱이의 습관이 잡히기 시작했다.

자전거는 스스로 균형을 잡기 시작하는 순간부터 혼자 탈 수 있게 된다. 그 순간의 감각은 평생 잊히지 않는다. 마찬가지로 수학 연산에도 그런 순간이 있다. 그냥 생각나는 대로 마구 답을 적거나 말하다가 연산을 하는 과정에서 잠깐 숙고하는 버릇이 한 번 생기면 연쇄적으로 모든 수학 연산에서 비슷한 감각이 몸에 붙는다. 그렇게 아이들은 고학년이 되는 것이다.

🐟 수 체계의 역사

수의 처음은 자연수라고 할 수 있다. 현대 인류는 자연수를 쉽게 떠올리지만 인류가 자연수를 이해하는 데는 적어도 수만 년의 시간이 필요했을 것이다.

자연수를 이해하기 위해서는 추상적 사고 능력이 필요하다. 나무 한 그루, 사자 한 마리에서 나무와 사자를 떼어놓고 두 가지 사물에서 1이라는 숫자만 분리해내야 하기 때문이다.

자연수의 발전에서 중요한 계기는 기수법의 발견이다. 숫자 단위가 커지면 일정한 묶음으로 처리하는 것이 좋다. 반장 선거 등을 할 때 한자의 '바를 정(正)' 자를 가지고 다섯 단위씩 묶어 계산하는 것도 이 때문이다.

기수법의 획기적인 발전은 묶음 기수법에서 위치 기수법으로의 발전이다. 묶음 기수법은 5, 10, 20을 하나의 단위로 묶어 표기하는 방법이다. 한자에서 23을 '二十三'으로 적는 식이다. 묶음 기수법에서는 단위 수가 올라갈 때마다 단위를 나타내는 독자적인 표기가 있어야 한다. 예를 들면, 한자로는 十, 百, 千, 萬 등이 있고, 로마숫자로는 V(5), X(10), C(100) 등이 있다.

반면 위치 기수법에서 20은 십이라는 단위를 나타내는 독자적인 표기가 있는 것이 아니라 2가 십의 자리에 있기 때문에 20인 것이다. 이렇게 되면 자릿수를 나타내기 위해 필요했던 글자들 가령 十, X 등이 불필요해진다.

묶음 기수법으로는 큰 수를 표기하거나 다루기 어렵다. 가령 123,573,531이라는 숫자를 묶음 기수법을 써서 나타내면 '일억이천삼백오십칠만 삼천오백삼십일'이 된다. 표기하기도 어렵지만 이를 통해 계산하는 것은 거의 불가능하다. 수학을 자연과학의 언어라고 한다면 묶음 기수법을 가지고는 자연현상을 수학적으로 표현하고 조작하는 것이 거의 불가능하다고 볼 수 있다.

반면 위치 기수법은 위치를 가지고 자릿수를 나타내는 표기법이다. 가령 237에서 200은 백의 자리에 2가 있기 때문이고 30은 3이 십의 자리에 있기 때문이다.

위치 기수법의 최대 난점은 해당 자릿수에 아무것도 없을 때다. 십의 자리에 아무것도 없더라도 묶음 기수법은 이백삼과 같이 표현할 수 있다. 그런데 위치 기수법에서는 2..3으로 적게 되는데, 이것이 203인지 2003인지 구분하기 어렵다. 따라서 해당 자릿수가 비어 있음을 나타내는 0이 출현하고 나서야 비로소 위치 기수법이 완성되는 것이다.

불과 수백 년 전만 해도 두 자릿수 곱셈은 지식인이나 할 수 있었던 고급 지식이었다. 그런데 위치 기수법과 0이 출현한 후 인류는 초등학교 고학년 정도의 지식만 있으면 종이와 펜만 가지고도 일상생활에 필요한 사칙연산을 자유롭게 계산할 수 있게 되었다.

인류의 수 체계의 획기적인 도약은 정수와 정수의 사칙연산 과정에서 출현했다. 누구나 처음에는 구체적인 사물을 가지고 생각을 하거나 말을 만든다. 그런데 0이나 음수 등은 구체적인 사물이나 행위를 두고 만들어진 수라기보다는 인류의 사유 능력에 의해 출현한 수다.

들소 사냥에 나가 한 마리도 잡지 못했다면 "사냥을 하지 못했다"고 하지 "0마리 잡았다"고 하지 않는다. 그만큼 '없다'를 나타내는 '0'은 인류의 심오한 사유와 연관이 있다. 0이 인도와 중국 문화권에서 우주나 만물의 시원을 설명하는 고도의 철학 정립 과정에서 출현한 이유가 여기에 있다.

음의 정수와 정수 연산 과정 또한 0의 출현과 유사하다. 3-1=2는 돌멩이가 세 개 있었는데 한 개를 없애버렸으므로 두 개가 남았다는 식으로 쉽게 이해할 수 있다. 그런데 (-1)-(-3)과 같은 계산은 일상생활과는 별 연관이 없다.

여기서 수학은 극적인 도약을 한다. 보통 수학의 처음은 자연현상을 수학적으로 표현하는 것이었다. 3-1=2가 돌멩이 세 개에서 한 개를 뺀 것과 같다는 식의 설명이 그러하다. 그런데 (-1)-(-3)=2를 정의하는 과정은 수학이 자연계와 필연적으로 연결되어 있던 과정을 끊어내는 일련의 비약과 관련이 있다.

(-1)-(-3)=2를 하기 위해 수학자들은 3-1=2를 계산할 때 썼던 돌멩이 세 개, 한 개와 같은 구체적인 자연현상 대신 수직선이라는 수학적 도구를 통해 설명한다. 수직선에서 '3-1=2'는 '3이 1보다 2만큼 오른쪽에 있다'는 뜻으로 재해석하는 것이다. 마찬가지로 '(-1)-(-

3)=2'는 −1이 −3보다 2만큼 오른쪽에 있다'는 뜻으로 재해석한다.

같은 방식으로 수학자들은 더하기, 빼기, 곱하기, 나누기 등의 사칙연산을 정수 단위에서도 사용할 수 있게끔 정의했다.

0과 음의 정수는 고도의 추상화 능력을 필요로 하기 때문에 수 체계의 확장 과정에서 매우 늦게 출현했다. 역사적으로 보면 '자연수➡ 유리수➡ 무리수➡ 0과 음의 정수'의 차례로 발전했다고 볼 수 있다.

유리수(분수)는 비율을 계산할 때 필요한 수다. 가령 들소 한 마리를 다섯 명이 힘을 합쳐 잡았다면 $\frac{1}{5}$씩 가져야 한다. 이때 필요한 수가 분수다.

우리는 어려서 유리수(有理數)를 이치가 있는 수로, 무리수(無理數)를 이치가 없는 수로 배웠다. 이는 영어 'rational'을 '이성적인' 정도로 번역한 것이다. 그런데 'rational'은 'ratio'에서 파생된 것으로 볼 수도 있다. 이 경우는 유리수로 번역하기보다는 비율을 나타내는 유비수(有比數)로 번역하는 것이 옳다(그만큼 학문을 외국에서 수입하는 과정에서 많은 오류가 있었던 것 같다).

유리수(분수)는 초등학교 4학년 무렵에 배우기 시작하는데 많은 학생들이 분수 계산을 매우 어려워한다. 이는 분수 계산이 자연수보다 복잡한 사고 과정을 거쳐야 하기 때문이다.

앞에서 말했듯이 인류는 본성적으로 나무 한 그루, 사자 한 마리 하는 식으로 사물을 개체 단위로 인식하는 자연환경에서 수 체계를 발전시켰다. 그런데 분수는 어떤 개체의 비율을 의미하는 것이므로 보다 복잡한 과정을 전제한다. 즉 어떤 사물이 먼저 있고 그다음에 그것의 비율을 따지는 두 단계 과정을 거친다. 특히 분수(유리수)의 사칙연산을 계산하는 과정은 만만치 않다. 초등학생들이 분수 계산을 어려워하는 것도 이 때문이다.

분수의 사칙연산 또는 분수의 소수 표기가 어려운 것은 십진법을 사용하는 것과 관련이 있다. $\frac{1}{3}$을 소수로 표기하면 0.3333……이 된다. 이는 3이 십의 약수가 아니기 때문이다. 그런데 12진법이나 60진법을 사용하면 사정이 달라진다. 가령 1, 2, 3, 4……9에 이어 10=a, 11=b로 하는 12진법을 사용한다고 치자. 이 경우 $\frac{1}{3}$은 $\frac{4}{12}$가 되어 0.4(12진법)가 된다.

우리는 시간을 잴 때 60진법을 사용하고 있다. 한 시간의 $\frac{1}{3}$은 20분이다. 만약 시간을 재는 데 십진법을 사용했다면 한 시간의 $\frac{1}{3}$은 0.3333……분이 되었을 수도 있다.

수 체계의 또 다른 발전은 무리수의 발견이다. 원의 둘레와 지름의 비율이 원주율이다. 따라서 인류는 매우 오래전부터 무리수를 사용해 왔다고 볼 수 있다. 그런데 무리수가 인류 역사에 파란을 불러온 것은 고대 그리스의 독특한 세계관과 관련이 깊다.

고대 그리스에서는 우주의 기원, 만물의 본성에 대한 질문을 제기했다. 이때 만물의 근원을 수, 그것도 정수와 정수 사이의 비율로 설명한 것이 피타고라스학파다. 피타고라스학파가 플라톤 등에 영향을 미친 점을 고려하면 수학의 발전 과정은 철학 또는 인류 사유의 발전 과정과 맥을 같이하는 것이다.

가로·세로 각각 1인 정사각형의 대각선의 길이는 $\sqrt{2}$다. 이 수는 정수 대 정수 사이의 비율로 표기할 수 없다. 즉 $\sqrt{2}=\dfrac{a}{b}$ 했을 때 a와 b를 만족하는 정수 값이 없다는 의미다.

무리수를 소수로 표기하면 순환하지 않는 무한소수가 된다. 일정한 규칙을 갖지 않은 채 소수점 이하가 마구잡이로 끝없이 이어진다. 이렇듯 원주율, 가로·세로 각각 1인 정사각형 등 우리 일상에서 쉽게 볼 수 없는 수에서조차 무리수가 등장한다.

무리수가 갖는 획기적인 의의는 유리수가 갖는 취약성을 보완하여 실수 체계를 완성한 점이다.

유리수는 조밀하다. 가령 1과 2 사이에는 무한개의 유리수가 존재한다. 1과 2 사이에는 중점 1.5가 있고 1과 1.5 사이에는 또 다른 중점을 잡을 수 있으므로, 1과 2 사이에 무한한 유리수가 존재한다.

그렇다면 유리수를 가지고 수직선을 다 채울 수 있을까? 수직선은 인류가 자연수에서 정수로 도약할 때 정수를 실물적으로 표현하기 위해 도입한 수학적 도구다. 데카르트는 수직선 두 개를 가로와 세로로 겹쳐 오늘날의 좌표계를 만들었다. 함수나 미분, 벡터 등 대부분의 수학에서 좌표를 활용한다. 따라서 좌표와, 좌표의 기초가 되는 수직선이 갖는 성질은 매우 중요하다. 그런데 유리수만으로는 수직선을 다 채울 수 없다. 가로·세로가 각각 1인 정사각형을 수직선에 그린 후 컴퍼스를 가지고 정사각형의 대각선을 반지름으로 하는 원을 그리면 원과 수직선의 교점에 유리수가 아닌 무리수가 나타난다. 유리수로는 수직선을 다 채울 수 없는 것이다(다 채울 수 있기는커녕 유리수보다 훨씬 많은 무리수가 존재한다).

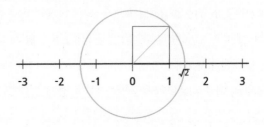

따라서 인류는 유리수와 무리수를 합쳐 실수로 정의하고 이를 수직선과 일대일로 대응시켰다. 이로써 수직선, 나아가 좌표의 기초가 마련된 것이다. 보통 중·고등 학교 수학은 실수 정도에서 일단락을 짓는다(고등학교 과정에 허수의 연산이 등장하기는 하지만 본격적으로 허수를 다룬다고 보기는 어렵다).

수 체계의 발전 과정에서 수직선과 좌표는 주요한 수학적 도구였다. 수직선·좌표와 함께 수 확장의 산파가 된 것은 방정식이다.

가령 음수는 $x+3=2$를 푸는 과정에서 출현했고, 유리수는 $2x=3$의 해법과 연관이 있다. 무리수는 $x^2-x-1=0$을 푸는 과정에서 볼 수 있다. 그런데 이차방정식에서는 실수에서는 설명되지 않는 현상이 나타난다. 가령 $x^2+x+1=0$의 해는 $\dfrac{-1\pm\sqrt{-3}}{2}$ 으로 루트 안에 음수가 나타난다. 실수의 제곱은 0이거나 양수이므로 $\sqrt{-3}$은 실수가 아니다.

수학자들은 이를 허수라고 하여, $\sqrt{-1}=i$ 라고 정의하여 수 체계를 더욱 확장했다. 허수라는 이름이 붙었기 때문에 실수는 실존하는 수, 허수는 허구의 수 따위로 간단하게 넘기는 학생들이 있지만 엄밀히 말하면 자연수까지 포함하여 수 체계 전체는 인류 사고의 산물이다.

가령 자연수는 인류가 먼 옛날 바다에서 육지로 올라온 이후 육지의 생활 조건이 개체 단위로 사물을 인식하기 좋기 때문에 발전했다고 볼 수 있다. 인류가 십진법을 채택한 것은 명백히 손가락이 열 개이기 때문이다. 자연수조차 자연계의 본성보다는 인류가 진화해온 역사적 궤적과 연관되어 있는 것이다. 자연수가 그렇다면 정수나 유리수·무리수 등은 더욱 그렇다고 봐야 한다. 그리고 허수는 양자역학 등에 활용되므로 매우 중요한 개념이다.

거칠게 초·중·고등 학교 과정을 수 체계라는 관점에서 요약하자면 초등학교 과정은 자연수와 유리수에 의한 사칙연산, 중학교 과정은 실수에 의한 문자 연산의 세계다. 허수가 잠시 소개되지만 허수나 복소수, 초월수 등은 대학 과정이다.

수 체계로 한 발 더 들어가 보자(부담스러우면 그냥 넘어가도 좋겠다). 수학은 자연현상을 반영하는 자연과학과는 매우 다르다. 자연현상을 뒷받침하는 수학적 법칙을 발견한 것이라기보다는 인류의 사고를 통해 발명한 수학적 논리가 자연법칙을 설명하는 데 들어맞는다고 보는 편이 맞을 것이다.

이에 대해 아인슈타인은 "수학은 경험에 의존하지 않은 인간 사고의 산물이다. 그런 수학이 물리적 실체의 대상에 정확히 들어맞는 일이 어떻게 가능할까?"라고 했다.

심지어 우리가 자연스럽다고 생각하여 자연수라고 이름 붙인 자연수 조차 자연현상을 있는 그대로 반영했다기보다는 자연계에 진화한 인류의 생활 조건과 긴밀히 연관되어 있다. 즉 인간이 없어도 존재하는 자연현상이 아니라 인간에 의해 윤색되고 다듬어진 인간적 산물이라고 할 수 있다.

좋은 문제, 칭찬, 자신감
수학 점수를 올리는 삼박자

중학교 1학년 현정이는 수학에 대한 공포심을 갖고 있다. 수학 문제를 풀 때면 마치 벌 받는 학생처럼 긴장한다. 시험 보기 전에 문제집을 잔뜩 풀고 준비하지만 수학 시험지만 앞에 놓이면 머리가 백지처럼 하얗게 변한다. 심지어 어떤 때는 수학 시험을 앞두고 복통에 시달리기도 한다. 현정이에게 수학은 학습이 아니라 실체를 알 수 없는 괴물 같다.

여학생 중 많은 아이들이 현정이와 같은 공포를 경험한다. 이런 유형의 여학생들의 공통점은 학습량은 많은데 공부 성과가 제대로 쌓이지 않는다는 점이다.

온갖 유형의 문제를 진을 빼면서 풀지만 유형을 조금만 바꾸면 어찌할 바를 몰라 쩔쩔맨다. 문제집에서 본 쉬운 문제는 자신 있게 풀지만 조금만 새로운 유형, 어려운 문제를 만나면 지레 겁을 먹거나 건너뛴다. 덕분에 공부는 제대로 쌓이지 않고 흩어진다.

이런 학생들에게 가장 중요한 것은 문제를 잘 선별해주고, 충분한 시간을 주고 격려해주어야 한다는 점이다.

문제를 잘 선별하는 것은 매우 중요하다. 근육운동을 할 때 운동기구의 중량이 너무 가벼우면 운동이 되지 않는다. 반대로 너무 무거우면 탈이 나기 쉽다. 너무 가볍지도 무겁지도 않은, 운동 효과는 있지만 무리가 되지 않는 중량의 운동기구를 선택하는 것이 중요하다. 이를 수학에 적용한다면 너무 쉽지도, 그렇다고 너무 어렵지도 않은, 자신의 수준보다 약간 높은 수준의 문제를 찾아 풀어야 한다. 풀이 과정의 70퍼센트 정도는 알되 30퍼센트 정도는 모르는 문제를 선별하는 것이 중요하다.

부모들은 공부를 한다는 것은 모르는 문제를 아는 것이라고 생각한다. 전혀 감도 잡을 수 없는 문제를 아이에게 주고, 아이가 그 해결 방법을 배우는 것이 공부라고 생각한다. 그러나 수학에서 가장 중요한 것은 사고력, 즉 '생각하는 힘'이다. 전혀 감을 잡지 못하는 문제는 오히려 수학에 대한 공포심만 키울 뿐 사고력을 높이는 데는 큰 도움이 되지 않는다.

오히려 문제를 접했을 때 아이 스스로 아는 문제라고 생각하는 것이 좋다. 대부분 알고 있는 개념을 이리저리 조합해 복잡한 문제를 맞혀가는 과정에서 생각하는 힘도 생기고 수학에 대한 자신감도 생긴다. 수학교육의 포인트 중 하나는 아이 자신이 알고 있는 수학적 개념을 하나하나씩 모아 하나의 퍼즐을 완성하게 하는 것이다.

더구나 수학에 대한 공포심을 갖고 있는 학생에게 너무 어려운 문제를 주는 것은 절대 금물이다. 아이는 새로운 것을 알고자 하는 의지보다는 절대로 넘을 수 없는 거대한 장벽 앞에 서게 되었다고 좌절할 것이다. 그리고 수학은 역시 어려운 것이라는 패배감을 쌓을 것이다. 이 패배감이야말로 가장 위험한 독소 같은 존재다.

현정이와 같은 경우에 가장 필요한 것은 적당한 수준의 문제와 많은 칭찬이다.

현정이는 초등학교 때 공부를 매우 잘했던 모범생이었다. 그런데 중학교 입학 후 갑자기 달라진 수학에 적응하지 못해 점수가 떨어지자 과도한 열패감에 시달리게 되었다. 항상 칭찬받고 자란 아이가 난생처음 직면한 시련을 스스로 극복하는 것은 어려운 일이었을 것이다.

이럴 때 "수학을 왜 이렇게 못했니?"라고 다그치지 않고, "누구나 그럴 수 있어. 처음 배운 건데 이만큼 푼 것도 잘한 거야"라는 칭찬과 격려를 해주었더라면 아이의 열패감은 이처럼 깊어지지 않았을 것이다.

칭찬은 고래도 춤추게 한다지 않는가? 수학이라는 괴물과 싸우며 잔뜩 겁에 질린 아이들에게 가장 좋은 선물은 칭찬과 격려다. 아이가 문제를 푸는 과정을 꾸준히 지켜보며 제대로 풀어가고 있을 때는 "잘한다"고 칭찬해주고, 조금 실수를 하더라도 "괜찮다"고 격려해주어야 한다. 이러한 과정을 통해 아이는 든든한 후원군을 믿으며 한 발 한 발 낯선 세계로 나아갈 용기를 얻는다.

아이의 수준을 고려한 세심한 문제 선별과 칭찬과 격려를 기반으로 현정이는 점차 수학에 대한 패배감에서 벗어나 선순환 고리를 타기 시작했다. 방정식이 뚫리자 이를 타고 일차함수, 이차함수까지 자신감을 가지고 풀어내기 시작했다. 성실하고 총명한 현정이는 빠르게 성적을 만회했고 중학교 2학년 중간고사에서 92점을 받았다. 그리고 수학을 대하는 현정이의 태도 역시 비할 수 없이 달라졌다. 수학 문제만 보면 연필 쥔 손을 바들바들 떨던 아이가 이제 여유 있게 문제를 보고 생각할 줄 아는 힘을 가진 아이가 된 것이다.

공부는 다그친다고 되는 것이 아니다. 특히 수학은 마음이 급하고 겁이 많을수록 잘 안 되는 학문이다. 여유 있게 너그럽게 언제라도 받아줄 것 같은 편안한 마음으로 아이들을 지켜 봐주는 것, 다소 늦더라도 그것이 수학을 잘하게 하는 지름길이다.

어떻게든 꼭 한 번은
성적을 올려라

중학교 1학년인 성호는 지능이 높지만 경증 주의력결핍 과잉행동장애(ADHD) 증상이 있는 학생이다. 학교생활을 못 할 정도는 아니지만 조금만 지루해져도 딴짓을 하거나 장난을 친다. 이 때문에 어려서부터 선생님들의 눈총을 받고 학교에 다녔다. 그러다 보니 당연히 성적이 바닥이다. 아이는 스스로 공부를 못하는 학생이라 믿고 있었고, 당연히 학교도 싫어했다.

성호를 처음 만난 것은 성호가 초등학교 6학년 때였다. 한눈에 봐도 '나는 날라리'라는 표를 내는 복장과 표정의 아이였다. 지역 아동센터에 함께 다니던 친구들과 왔는데 성호만 수업에 적응하지 못했다. 학원에 오는 시간도, 집에 가는 시간도 제멋대로이다 보니 다른 친구들과 함께 수업하는 것이 불가능했다. 우리는 결국 성호만을 위한 개별 수업을 진행했고, 수업 내용도 교과와는 다소 떨어진 성호의 관심사에 대한 짤막한 토론이 대부분이었다.

우리는 한동안 성호가 하고 싶은 대로 하게 내버려 두었다. 학교, 공부, 학원이라면 질색인 아이와 신뢰를 쌓고 친해질 시간이 필요했기 때문이다.

그렇게 6개월……. 중학생이 되어서도 여전히 공부에는 관심이 없던 성호가 달라지기 시작한 것은 중간고사 이후였다. 예상대로 성호의 성적은 수학은 60점대, 영어는 20점대로 매우 낮았다. 놀라운 것은 성호의 반응이었다. 세상에나! 공부와 담을 쌓았다고 믿고 있던 아이가 성적이 낮은 것을 속상해하고 있었다!

대부분의 아이들 마음속에는 두 가지 마음이 공존한다. '공부하기 싫은 마음'과 '공부 잘하고 싶은 마음'. 이 두 가지 마음 중 어떤 마음을 우위에 두는가는 아이의 심리적 상황에 따라 달라진다.

대부분의 부모들은 '공부 잘하고 싶은 마음'에만 집중해서 아이를 몰아친다. 이런 경우 아이는 '공부하기 싫은 마음'을 내세워 방어한다. 아이 마음속에 있는 '공부 잘하고 싶은 마음'은 부모가 다 가져가 버린 셈이니까. 역시 적절하게 아이의 마음을 읽어주고 활용하는 지혜가 필요하다.

우리는 성호의 두 마음 중 '공부 잘하고 싶은 마음'을 믿어보기로 했다. 기말고사를 앞두고 성호에게 "이번 시험은 좀 잘 보는 게 어때?" 했더니, 대번에 "에이, 제가 어떻게 공부를 잘해요?" 하면서 손사래를 쳤다.

우리는 "걱정 마, 우리가 도와줄게"라며, 음흉한(?) 미소를 짓고는 본격적인 학습을 시작했다. 반항하기 시작한 성호의 징징거림 따윈 무시했다. 이미 6개월 이상 충분히 신뢰를 쌓았고, 공부를 잘하고 싶어 하는 마음도 확인했으므로 머뭇거리지 않았다. 다행히 머리가 좋았던 성호는 "공부하기 싫다"고 발버둥 치면서도 잘 따라와 주었다. 마침내 기말고사 전날, 몰래 도망가는 성호를 화장실까지 따라가(아이가 정말 도망간 것인지, 은근히 이 과정을 즐긴 것인지는 여전히 의문이다) 책상에 끌어 앉혀 영어 단어를 암기시켰다. 무려 다섯 시간을……. 성호 인생에서 가장 긴 시간 동안의 공부였으리라.

1학년 1학기 기말고사에서 성호는 수학 96점, 영어 80점을 받았다. 성호가 다니는 학교는 영어, 수학 수업을 수준에 따라 상, 중, 하로 나누어서 진행했는데 하반에 있던 성호가 단번에 상반으로 옮겨졌다. 수업을 진행한 우리도 놀랐다. 성호가 똑똑하다고는 생각했지만 이렇게 단기간에 점수가 많이 오를 줄은 예상치 못했던 것이다.

한번 성적을 올리자 성호는 신이 났다. 공부 못하는 날라리도 재밌지만, 공부 잘하는 날라리가 더 멋있다는 생각을 하게 된 것이다. 1학년 2학기 때는 수학 100점을 찍었다.

2학년 1학기 중간고사 시험을 보고 난 성호가 문자를 보내왔다.

성호: 저, 수학 100점이요.

교사: 잘했다.

성호: 친구들이 맨날 놀면서 어떻게 100점 맞았냐고 안 믿어요.

교사: 네가 원래 천재라고 해.

성호: 벌써 그렇게 얘기했다가 맞았어요.

교사: 내가 보증한다고 해. 안 믿으면 데려와.

성호: ㅋㅋㅋ

마침내 성호는 자신을 '공부 잘하는 애'라고 믿게 되었다. 그리고 그 후로는 모든 것이 쉬워졌다. 학원에 오는 것도, 하루 학습량을 채우는 것도……. 전과 같은 성호와의 전투는 더 이상 없다. 성호는 이미 스스로를 공부 잘하는 학생이라고 믿고 있고, 또 계속 공부를 잘하기 위해 노력하기 때문이다. 여전히 노는 것을 좋아하고 가끔씩 친구 생일이라고 거짓말을 하고 땡땡이도 치지만 공부 잘하는 애로 살고자 하는 의지가 있는 한 성호는 이제 크게 걱정할 것이 없는 학생이다.

주변에서 공부를 잘하라고 계속 압박하면 아이는 반발한다. 그렇다고 무조건 스스로 공부할 날을 기다리는 것도 옳지 않다. 아이들은 항상 공부를 잘하고는 싶지만 당장은 놀고 싶은 마음이 앞서기 때문이다. 아이의 두 가지 마음을 충분히 이해하고 공부 잘하는 아이가 되고 싶은 마음이 간절해졌다고 생각하는 순간 있는 힘껏 아이를 당겨야 한다. 어설프게 타협하는 것이 아니라 성적이 제대로 오를 만큼 당겨야 한다.

아이가 공부를 잘하고 싶어 하는 마음이 없다고 생각된다면 한번 생각해보자. 아이가 스스로 공부를 잘하고 싶어질 만큼 편안히 기다리고 있나? 아마 대부분의 경우 공부라는 말만 들어도 질색할 만큼 아이를 몰아치고 있을 것이다. 또, 하기 싫어하는 아이를 억지로 끌어 앉혀 놓고 공부를 하는 것도 아니고, 쉬는 것도 아닌 어정쩡한 상태로 시간만 보내고 있지는 않은가? 그렇게 되면 아이는 '공부는 해도 안 된다'는 확신만 가지게 될 뿐이다.

충분히 기다리자. 그리고 때가 됐다고 판단하면 끝까지 밀어붙이자. 아이의 손에 성과를 쥐어주어야 한다. 그 한 번의 경험이 당신의 아이를 '공부하는 아이'로 만드는 대단히 중요한 열쇠다.

문제가 있다면
전문가를 찾아라

중학교 1학년인 지연이는 수줍음 많은 여학생이다. 지연이는 친구들은 물론 부모에게도 학교 성적을 공개하기 꺼려했다. 특히, 수학 과목을 매우 싫어했고 점수에 대해서는 일체 비밀에 부쳤다. 언젠가부터는 아예 학원에 다니는 것조차 거부하기 시작했다. 그렇다고 공부에 욕심이 없어 보이지도 않는 아이가 점수도 말하지 않고 학원 수업도 거부하니 부모로서는 답답하기 그지없었다. 부모는 겨우겨우 지연이를 설득해 학원에 데려왔고 상담을 통해 우리는 지연이가 자신의 수학 실력이 형편없다는 사실을 남들이 알까 두려워 전전긍긍하고 있다는 사실을 발견했다.

아이들은 여러 가지 이유로 수학을 잘하지 못한다. 그런데 부모들의 처방은 매우 단순하다. 그냥 공부를 더 많이 하면 된다는 식이다. 그러나 공부의 양보다 중요한 것이 공부의 방법이다. 아이가 공부를 못하는 이유는 정말 다양하다. 그만큼 그에 대한 처방도 달라야 한다.

지연이의 경우 우리의 처방은 지연이와 일대일로 영상 수업을 하는 거였다. 영상 수업은 지연이의 집과 학원의 거리 문제도 해결할 수 있었지만, 무엇보다 다른 사람들이 없는 가운데 지연이와 오로지 둘만의 수업을 진행할 수 있다는 장점이 있었다.

애초에 수학적 지능이 낮지 않았던 지연이는 영상 수업을 통해 실력이 빠르게 향상되었다. 부모와 함께 상담을 할 때 입조차 제대로 떼지 못했던 모습과 달리 영상 수업을 대하는 지연이의 태도는 성실하고 진지했다. 지연이 부모는 수업 시간에는 가족들조차 지연이의 수업을 보지 못하도록 했다.

만약 지연이가, 많은 학생이 있는 학원에 다니거나 누군가와 비교될 수 있는 그룹 과외 같은 것을 했다면 상태가 나아지지 않았을 것이다. 지연이는 자존심이 매우 강한 유형이었다. 자신이 공부를 못한다는 사실을 알아도 크게 문제 삼지 않을 교사, 그리고 그 교사와 둘만의 은밀한(?) 작업이 필요했다. 그리고 지연이에게 필요한 것은 많은 시간의 공부가 아니라, 한번 뒤처진 공부를 바로잡아 제 학년에 맞는 기본 연산을 도와줄 일종의 징검다리였다.

아이가 문제가 있다고 판단되면 무작정 학습량을 늘리거나 참고서부터 사주기보다는 컨설팅을 받아보기 바란다. 어느 정도 수준이 되는 교사라면 길지 않은 면담을 통해 학생의 수준, 공부 이력 등을 알 수 있다. 그리고 무엇이 필요한지를 알 수 있다.

지연이처럼 일대일 공부가 필요한 경우도 있고, 친구들과 함께 수업하는 것이 좋은 경우도 있다. 어떤 학생들은 지루해서 공부를 싫어하기도 하고, 또 다른 학생들은 어려워서 못 따라가기도 한다. 따라서 정확한 진단이 우선이다.

병이 났으면 먼저 의사를 찾아야 한다. 의사로부터 정확한 진단을 받은 후에 약국에 가서 그 처방에 맞게 약을 타 먹어야 한다. 그런데 자신이 임의로 본인의 병을 진단하여 병을 키우는 경우가 있다. 그렇게 병을 키웠을 때 자칫 심각한 상황이 올 수도 있다. 단순 감기라고 생각했는데 암이 진행되고 있다면 정말 낭패가 아닌가?

대부분의 부모와 자녀 관계가 그렇다. 질병에 관한 한 의사의 전문성을 믿는 편이지만 공부에 관한 한 부모들은 진단에 인색하다. 참고서를 사주거나 학원비를 내는 것은 아까워하지 않으면서 컨설팅 비용은 부담스러워한다. 그리고 상담에 임해서도 상담자가 편하게 말하도록 두지 않고, 서둘러 자신의 희망을 말하고 그렇게 결과가 나오도록 압박한다. 그래서 충분히 고쳐질 수 있는 아이들이 부모의 헛된 희망이나 인색함 때문에 시기를 놓치는 경우가 많다. 정말 많다.

🌿 병에 걸렸으면 전문가인 의사의 진단을 받아야 하듯이, 수학 또한 아이에게 문제가 있다고 판단되면 전문가를 찾자. 부모가 판단하기에는 어려움이 많은 영역이다. 전문가에게 상담을 받고 정확한 진단을 받은 후에 그에 맞는 공부법을 택하자. 그리고 진단을 받을 때는 진단을 당당히 수용하자. 그래야 아이의 미래가 열린다.

🖋 컨설팅의 종류

컨설팅은 두 가지 종류가 있다. 하나는 일종의 진학 지도이고, 다른 하나는 공부 방법에 관한 것이다.

현 입시 제도는 말할 수 없이 복잡하고 다양하다. 내신·수능·수시·정시는 물론 각각을 이리저리 조합하면 정말 수천 가지 전형으로 나눌 수 있다. 따라서 되도록 조기에 진학 지도를 받을 필요가 있다. 그리고 그에 맞춰 학생의 적성과 진로를 탐색해가는 것이 좋다.

다시 한 번 강조하면 현 시스템에서 진학 지도는 아무리 강조해도 지나치지 않을 정도다.

다음은 공부 방법과 관련된 컨설팅. 학생에 따라 공부 방법은 천차만별이다. 그리고 무엇보다 학생들의 상태를 냉정하게 돌아봐야 한다.

학생들은 크게 남학생과 여학생, 이과형 학생과 문과형 학생, 머리가 좋은 학생과 그렇지 않은 학생, 침착하고 원리적인 공부를 좋아하는 유형과 심플하고 스피디한 공부를 좋아하는 유형 등으로 나눌 수 있다.

경험에 따르면 학부모들이 쉽게 저지르는 실수의 유형은 대체로 다음과 같다.

첫째, 수학적 잠재력이 약한 학생에게 무리하게 공부를 시키는 경우.

둘째, 아무런 대책이나 전략 없이 그저 학생이 원하는 대로 참고서를 사주고, 학원을 보내는 경우.

셋째, 공부를 잘할 수 있는 학생을 낮은 수준에 묶어두는 경우.

보통 첫째 경우를 주로 문제 삼지만 둘째, 셋째 경우도 의외로 많다. 공부에 대한 명료한 목적이나 노련한 전문가의 개입이 없는 상태에서 막연히 공부를 하거나 학교나 학원을 오가며 시간과 돈을 죽이는 학생들이 의외로 많다. 이런 경우는 적절한 조언과 개입이 매우 중요하다. 세 번째 경우도 마찬가지인데 의외로 많은 학생들이 더 나은 공부를 할 수 있음에도 방치되고 있다.

물론 둘째, 셋째 경우에는 사회적인 문제가 많이 결합되어 있다. 학교가 제 역할을 하지 못한 상태에서 저가 사교육을 통해서는 이런 서비스를 받을 수 없기 때문이다. 그럼에도 불구하고 막연히 돈과 시간을 쓰기보다는 양심적인 전문가의 도움을 받는 것이 중요하다.

시중에는 컨설팅 업체가 난무하고 있다. 이들은 높은 컨설팅 비용을 요구하며 또 다른 사교육비를 지출하게 하고 있다. 그러나 이에 대한 반대급부로 협동조합 등의 형태로 진학 컨설팅을 저렴하게 할 수 있는 곳이 등장하고 있다. 가능하면 돈벌이보다는 교육적 사명감을 가지고 운영하는 전문가를 찾는 것이 좋다. 또한 공공 기관에서 진행하는 컨설팅을 활용하는 것도 좋은 방법이다.

한꺼번에 공부하라

중학교 2학년인 승준이는 수학을 좋아한다. 수학에 관한 책을 읽는 것도 좋아하고, 인터넷에서 찾은 어려운 수학 문제를 푸는 것도 즐긴다. 그런데 학교 수학이 싫다. 수학 수업 시간에 배우는 내용은 너무 지루하다. 초등학교 6학년 때 배운 원주율은 3.14에서 π로 둔갑해 중학교 1학년 때 다시 나오고, 중학교 1학년 때 배운 일차함수는 y 절편만 붙여 2학년 때 또 나온다. 도대체 새로운 내용은 없는 것 같아서 학교에서 배우는 수학은 정말 지루하고 재미가 없다.

다음 상황은 '선행학습금지법' 이후 한 중학교 1학년 수학 수업 시간에 실제로 벌어진 풍경이다.

교사 : $y=2x$ 그래프를 y축 방향으로 2만큼 이동하면 어떻게 될까요?
학생 : 선생님, 그거 선행 학습이에요. 선행 학습은 불법이에요.
교사 : 괜찮아요. 생각해보세요.
학생 : 안 돼요. 그거 2학년 1학기에 배우는 거잖아요.

맙소사! 아이들이 공공연하게 '선행학습금지법'을 비아냥거리고 있는 것이다.

승준이 사례는 특별한 얘기가 아니다. 많은 아이들이 초등학교 때 3.14라는 숫자를 증오하다가 중학교 1학년 때 π를 만나면 허탈감을 넘어 배신감까지 느낀다.

중·고등 학교 6년 과정을 분화하기 위해 억지로 학년별로 나누어놓은 교과과정은 수학에 흥미를 잃게 하는 요인이 되었다.

"너희는 중학교 1학년이니까 여기까지만 배워. 더 이상 알려고 하는 건 불법이야"라는 식의 어이없는 발상이 아니라, 아이가 흥미를 느끼면 최대한 많이 가르쳐주는 것이 상식적으로 옳다. 100이면 100 다양한 아이들을 획일적인 교과서를 기준으로 선행과 현행을 가른다는 것 자체가 코미디 같은 발상 아닌가?

예를 들어보자.

'지수 연산'은 중학교 2학년 1학기 수학에 처음 등장한다.

중학교 2학년 과정에서는 $3^2=9$, $3^1=3$에서처럼 지수가 자연수일 때만을 배운다. 이 경우 $3^2 \times 3^4 = 3^6$처럼 곱셈 연산은 문제가 없다. 그런데 $3^2 \div 3^4 = 3^{-2}$처럼 나눗셈 연산에서 음수 지수가 발생할 경우는 설명하기 어렵다. 음수 지수는 고등학교 1학년 2학기가 되어서야 등장하기 때문에 중학교 2학년 과정에서는 $a^m \div a^n$은 m이 n보다 큰 경우 a^{m-n}이 되고 m이 n보다 작은 경우 $\dfrac{1}{a^{m-n}}$이 된다고 복잡하게 나누어서 배운다.

그냥 음수 지수를 바로 배우면 될 일을 굳이 어렵게 돌고 돌아서 배우는 것이다. 지수법칙을 이해하는 중학생 중에 음수 지수를 이해하지 못하는 학생을 우리는 한 명도 보지 못했다.

$$3^2 = 9$$

$$3^1 = 3$$

지수가 1씩 줄어들면 $\frac{1}{3}$ 만큼 줄어들기 때문에 다시 1이 줄어든 $3^0 = 1$ 이고 $3^{-1} = \frac{1}{3}$ 이다.

수학이란 원래 추상적 논리의 확장이라고 가르치면 100이면 100 다 알아듣는다. 그럼에도 불구하고 굳이 중학교 2학년 과정과 고등학교 1학년 과정으로 나누어 쓸데없는 연산을 두 번씩 반복한다. 음수 지수에 대한 충분한 설명이 없으니 중학교 2학년 과정의 지수법칙은 그야말로 암기 과목이 될 수밖에 없다.

앞에서 예로 든 일차함수의 경우를 보자.

1학년 때는 $y = ax$의 그래프 즉 원점을 지나는 함수 그래프를 배우고, 2학년이 되어서야 y 절편이 있는 그래프 $y = ax + b$의 그래프를 배운다. 일차함수의 기본 개념만 배우고 이동은 1년이 지난 뒤에야 배우게 되니, 아이들은 일단 모든 그래프는 원점을 지난다는 선입견을 갖게 된다. 고등학생들에게 일차함수 그래프를 그려보라 하면 무조건 원점을 지나는 직선을 그리는 경우가 허다하다.

교과서 집필진들은 이 과정이 학생들의 지적 발달 능력에 따른 편제라고 주장할지 모르지만 일선 현장에서 아이들과 대면하는 교사 입장에서는 황당한 발상이다. 마치 구구단 2단은 2학년 때, 3단은 3학년 때 배우는 것만큼이나 이해하기 어려운 시간 낭비. 시간 낭비일 뿐 아니라 오히려 아이들의 수학 실력을 퇴보하게 만들고 수학을 암기 과목으로 만들어버리는 일이다.

어디 이뿐이겠는가? 전개와 인수분해도 그렇고 인수분해와 이차방정식도 그렇다. 전개를 2학년 때 배우고 인수분해는 3학년 때 배우는데 이는 더하기와 나누기를 학년을 나누어 배우는 것과 같다. 실제로 3학년 아이들 중 인수분해는 할 수 있지만 역으로 전개를 하라고 하면 공식이 기억나지 않는다며 풀지 못하는 경우가 허다하다. 기하 영역 역시 삼각형의 내심, 외심은 2학년, 원과 직선은 3학년으로 나누어져 있는데 오히려 원과 직선의 성질을 먼저 이해시키고 나서 삼각형의 내심과 외심을 가르치는 것이 아이들이 이해하기에는 훨씬 좋다.

나누지 말아야 할 것을 억지로 나누어놓으니 수학이 이해와 사고의 학문이 아니라 암기와 인내의 학문이 되고 만 것이다. 게다가 선행 학습을 법으로 금지시켜놓았으니, 아이들에게 해당 단원의 수학적 원리를 제대로 이해시키는 것은 거의 불가능해졌다.

기계적으로 분류된 교과 체계는 따라야 하고, 수학 점수는 변별력을 가져야 하니 학교 수학 문제는 이상한 방향으로 잔뜩 꼬여 있다. 수학 문제인지, 과학 문제인지, 국어 문제인지 분류하기도 어려운 문제들이 아이들을 기다리고 있다. 그리고 배배 꼬인 문제를 잡기 위해 아이들은 온갖 이상한 유형의 문제를 풀어낸다. 정확히는 유형을 암기하고 있다. 그러니 아이들에게 수학이 재미없는 과목이 되어버리는 것이다.

수십 년 동안 수학 교과서는 조금도 달라지지 않았다. 증명하는 방식도 그렇고 문제도 그렇다. 교육부는 스토리텔링 수학이니 사고력 수학이니 하는 지침을 만들지만 시대에 맞는 근본적인 교과 편제가 없는 한 수학 교과는 별로 달라지지 않는다.

※ 중학교 수학은 그냥 한꺼번에 익히게 하자. 그리고 시간이 남거든 어처구니없는 문제를 반복해서 풀게 하지 말고 그냥 고등학교 수학을 공부하게 하자.

고등학교 수학을 위한
밑 작업을 완성하라

중학교 3학년인 영준이의 학교 수학 시험 점수는 80점대다. 그러나 시험을 보고 나면 그동안 배운 내용은 허공에 날려버린다. 영준이에게 수학은 늘 새로운 내용이다. 1학년 때 배운 일차함수가 2학년의 일차함수의 이동으로 연결되지 않으며, 3학년의 이차함수는 그야말로 처음 보는 내용이다. 그러다 보니 수학 학습량은 엄청나게 많은데 점수는 생각보다 높지 않다. 고등학교 진학을 앞두고 고등학교 1학년 수학의 엄청난 분량을 보니 앞이 깜깜하다.

중학교 3학년에서 고등학교 1학년 중위권 학생들의 최대 문제점은 엄청난 공부를 했는데도 고등학교 수학에 필요한 기본 개념이 매우 약하다는 점이다. 고등학교 2학년 이상의 수학을 하기 위해서는 일차·이차 방정식이나 일차·이차 함수 등은 아주 편안하게 다룰 수 있어야 한다. 중학생들이 구구단을 다루는 수준 정도로 말이다. 그런데 대다수 학생들이 그렇지 못하다. 이를 해결하는 하나의 방법은 누적적으로 공부하는 것이다.

학교에서는 적당한 분량을 하나의 시험 범위로 하여 학생들을 평가한다. 중학교 3학년 1학기는 무리식, 인수분해, 이차방정식을 시험 범위로 한다. 그런데 어떻게든 시험 점수를 올리려는 학생들 입장에서 보면 자신의 역량에 비해 어려운 문제들을 풀게 된다. 특히 상위권 학생들을 위해 특별히 설계된 문제들은 대부분 2~3년 뒤의 과정을 미리 빌려 온 것이다.

그렇게 한정된 시험 범위에서 자신의 몸에 맞지 않는 문제를 풀다 보면 여러 가지 문제가 발생한다.

첫째, 전체적인 시각에서 바라볼 안목을 잃는다. 시험 범위가 주어져 있는 만큼 학생들은 어떤 전제하에 문제를 다룬다. 예를 들어 닮음이 시험 범위라면 닮음을 이용해서 문제를 풀어야 한다는 강력한 암시를 받는다. 닮음이라는 시험 범위 자체가 다른 어떤 힌트보다 강한 것이다. 덕분에 학생들은 도형이라는 전체적인 시각에서 닮음을 바라볼 안목을 잃는 것이다. 실제로 중학교 때 매우 어려운 닮음 문제를 푼 학생들이 고등학교에 와서 종합적인 도형 문제를 접할 때 아주 기본적인 닮음 문제조차 풀지 못하는 것을 보았다.

둘째, 해당 단원에서 꼭 익혀야 할 기본 개념과 익히지 않아도 될 내용을 구분하지 못해 꼭 필요한 기본기에 대한 훈련이 되지 않는다. 가령 인수분해라면 나중을 위해 반복적으로 풀어서 반드시 해결해야 하는 문제가 있고, 덜 중요한 문제가 있다. 그런데 시험문제에서는 이를 동일한, 또는 비슷한 비중으로 다룬다. 따라서 학생들 또한 그렇게 공부한다.

이차방정식에서 인수분해를 해야 할 것과 근의 공식에 대입하여 풀어야 할 것을 구분하고, 이를 능숙하게 풀 수 있는지의 여부는 고등학교 수학을 할 기본 훈련이 되어 있는가를 가르는 핵심적인 문제다. 반면 속도 문제나 소금물 농도 등의 문제는 틀려도 그만, 맞아도 그만이다. 상위권 학생들은 시간이 지나면 자연히 알게 되는 문제이고, 중·하위권 학생들은 풀어봐야 남는 게 없는 문제다.

셋째, 공부한 내용이 쌓이지 않는다. 수학은 암기 과목과 달라 자신의 몸에 맞지 않으면 공부가 되지 않는다. 학교 시험 시스템은 몸에 안 맞는 문제를 너무 많이 풀게 한다.

이 문제들을 해결하는 방법은 이미 배운 내용 중에서 기본적인 부분은 반드시 매번 반복하는 것이다. 예를 들어 중학교 3학년이 되어 이차함수를 배울 때 1~2학년 때 배운 일차함수, 도형의 기본 문제 등을 반드시 반복해서 풀어야 한다. 더욱 좋은 것은 여러 단원 진도를 한꺼번에 함께 나가는 것이다.

🌿 중학교 수학의 목표는 고등학교 수학을 위한 밑 작업의 완성에 두자. 여기서 중요한 것은 고등학교 수학을 잘하기 위해 중학교에서 반드시 익혀야 할 내용이 그렇게 많지 않다는 점이다. 그러니 반드시 익혀야 할 내용을 선별하여 핵심적인 부분만 훈련할 수 있도록 해주자. 경험에 따르면 보통 학생 기준으로 이런 작업은 6개월이면 족하다. 나머지는 불필요한 중복이거나 비효율적 낭비다.

적절한 수학교육 시점

우리는 초등학생 학부모가 수학을 어떻게 할지 상담해 오면 일단 "충분히 놀게 하세요"라고 조언한다. 그리고 "6학년 2학기가 되면 다시 오세요"라고 당부한다.

수학교육의 적절한 시점이 언제인가는 아이에 따라 다르다. 초등학교 4학년인데 고등학교 수학을 충분히 이해하는 수학적 사고력이 좋은 아이가 있는가 하면, 중학생이 되었는데도 기본 연산조차 버거워하는 아이도 있다.

아이마다 다르긴 하지만 본격적인 수학교육을 시작하기에 적절한 시기는 대개 6학년 2학기 즈음이다. 이 시기 아이들은 학교 수업을 통해 대부분의 초등학교 연산을 훈련했고, 중학교 입학을 앞두고 전과는 질적으로 다른 수학을 접할 준비를 해야 하기 때문이다.

초등학교 수학과 중·고등 학교 수학의 결정적인 차이는 수의 세계의 범위다. 초등학교 때는 주로 자연수의 세계를 다룬다. 더 확장하면 자연수를 쪼갠 분수와 소수를 다룬다. 이러한 수들은 대부분 일상생활에서 흔히 접할 수 있는 수이며, 실물로 확인이 가능한 수다. 하지만 중학교부터는 수의 세계가 근본적으로 달라진다. 아이들은 현실 세계의 논리를 확장한, 이론적으로만 존재하는 수를 접하기 시작한다.

수량에 사용되던 수는 이제 수직선으로 확장된다. 수직선은 자연수, 분수뿐만 아니라 0을 기준으로 음의 유리수와 양의 유리수로 나뉜다.

유리수와 유리수 사이에는 무한대의 무리수가 존재한다. 수가 수량만 표시하는 것이 아니라 크기와 방향을 갖게 되는 것이다.

또한 수직선상에 존재하지만 수를 사용해서는 표시할 수 없는 무리수를 이해해야 한다. 그리고 수직선 밖에 존재하는 수인 허수가 등장한다.

아이들은 이제 머릿속으로 갖가지 다양한 수를 사고해야 하며, 이러한 수들의 연산을 능숙하게 다루어야 한다.

따라서 중학교 수학을 본격적으로 다루기 전에 수의 세계를 전반적으로 이해하는 것이 중요하다. 현행 중·고등 학교 교과서는 중학교 1학년 과정에서 유리수, 2학년 과정에서 순환소수, 3학년 과정에서 무리수, 고등학교 1학년 과정에서 허수를 다룬다. 수를 학년에 따라 끊어서 다루다 보니 방정식, 함수, 기하 등 수학 교과 전체가 수에 따라 세분화된다.

이렇게 뚝뚝 끊긴 교과과정을 따라가다 보면 아이들은 고등학생이 되어서야 비로소 수의 세계를 전반적으로 보게 된다. 또한 수학의 전 영역에서 풍부한 설명이 어려워진다. 결국 아이들은 수학을 암기 과목처럼 배울 수밖에 없는 상황이 된다.

고등학교 수학에서 필요한 수의 세계를 풍부하게 아이들에게 이해시키도록 하자. 더불어 수가 가진 역사적 의미에 대해서도 충분히 설명해줄 수 있다면 "도대체 수학은 왜 배우냐"는 아이들의 푸념은 사라지지 않을까?

3장

중학교 수학
다시 보기

교과서가 과연 절대적인 기준이 될 수 있을까?

학교 수학의 결정적인 문제점은 교과 자체다. 그리고 선행학습을 제한하는 법률이 문제인 또 하나의 이유는 그것을 관철할 만한 교수 체계와 평가 방법이 없다는 점이다.

수학 교과서 이해하기

사람들은 교과서를 절대적인 기준으로 생각하는 경향이 있다. 과연 교과서는 절대적인 기준이 될 수 있을까?

현재 648만 명의 초·중·고 학생들이 교과서로 공부하고 있다. 교과목을 세분한 교과서는 모두 542종으로, 단순하게 계산하면 학년당 45종이 넘는다. 외국 중·고등 학교의 교과목이 10여 개인 데 비하면, 우리나라 학생들은 그 서너 배를 골라 배울 수 있는 것으로 보이지만 현실과는 거리가 멀다. 담당 교사가 모자라고, 교실도 부족하기 때문에 학생이 과목을 선택하기는 어려운 것이다. 특히 사회는 선택 과목이 11개나 된다.

왜 사회 과목은 그렇게 세분되어 있을까? 법과 정치, 사회문화, 윤리와 사상, 경제……. 인문·사회 과학은 점차 통합되는 양상이다. 심지어 대학에서도 인문과 사회 과목 사이에 결정적인 구분이 없다. 정치학과라고 해서 경제학을 모르는 것이 아니고 사회학과가 정치학을 도외시하지 않는다. 대학이 그럴진대 고등학교 수준에서 저렇게 과목을 세분할 필요가 있을까?

너무 어렵게 생각하지 마시라. 그것은 그냥 해당 과목 교수나 교사들의 이해관계에서 비롯된 것일 뿐이니까. 해당 과목 교수나 교사들의 이해관계가 학생들의 학습권, 학부모들의 입김보다 세기 때문에 한국의 사회 교과가 엉망이 된 것이다.

비슷한 사례가 불필요한 과목의 존속이다. 21세기 정보화 시대에 '기술·가정' 같은 과목을 배울 필요가 있을까? 초등학교 6학년 때 호주에 있는 토끼의 종을 외웠던 기억이 있다. 생각할수록 억울한 기억이다. 그런데 요즘도 크게 달라지지 않았다. 여전히 학생들은 뜨개질을 하거나 한평생 들어보지 못할 희귀한 생물종을 외운다.

그렇게 하는 이유는 기왕에 선발한 교사들을 해고할 수 없기 때문이다. 한국의 교육은 어떤 면에서 학생들을 위해 과목이 편제되고 내용이 가감되는 것이 아니라, 교육을 둘러싼 다양한 집단의 이해관계에 따라 결정된다. 불행히도 학생들의 발언권은 무시된다.

정도의 차이는 있지만 수학도 크게 다르지 않다. 수학에서도 대수를 강조할 것인가, 기하를 강조할 것인가, 아니면 미적분을 강조할 것인가에 따라 이해관계가 달라진다. 수학이야 워낙 기본적이고 중요한 과목인 만큼 사회 과목과 같은 적나라한 이해관계가 덜 작동할 수 있다.

그러나 수학의 경우에는 교수들이 갖고 있는 안이함 또는 나태함이 영향을 미친다. 수학 교과서를 보다 보면 어떤 때는 골동품 창고를 보는 것 같다. 어쩌면 그렇게 변화를 두려워하는지, 혹시 문제가 될까 봐 예전부터 내려온 내용을 그대로 담아놓은 것 같다.

구체적인 사례를 들어보자.

중학교 2학년 문장제 문제에는 닭 다리, 돼지 다리 하는 문제가 있다. "닭과 돼지를 합쳐 열 마리가 있고 닭 다리와 돼지 다리를 합쳤더니 44개일 때, 닭과 돼지는 각각 몇 마리인가?" 하는 문제다.

어떻게 생각하는가? 감이 오지 않으면 다른 문제 하나를 더 소개하겠다.

역시 중학교 2학년 문장제 문제에 철물점에서 철사를 사다 울타리를 치는 문제가 나온다. "10미터 철사를 가지고 가로·세로의 비가 2:3인 직사각형 모양의 울타리를 만들 때 가로는 몇 미터인가?"

이런 유형의 문제들 대부분이 부모 세대가 중학교를 다니던 때에도 그대로 수록되어 있었다. 어떤 문제는 토씨 하나 틀리지 않고 그대로다. 한국의 중학교 교과서는 그야말로 유구한 역사와 전통을 자랑하며 긴 명맥을 이어오고 있다.

그렇다면 무엇이 문제인가?

내가 초등학교에 다니던 1970년대에는 학교에 축사가 있었다. 거기서 사슴도 키우고 토끼도 길렀다. 그리고 많은 학생들이 태어난 곳이 시골이었기 때문에 닭과 돼지는 낯선 대상이 아니었다. 그런데 요즘 학생들은 대체로 살아 있는 닭과 돼지를 보지 못하고 자란다. 그들에게 닭과 돼지는 키우는 동물이라기보다는 먹거나 TV를 통해 보는 대상이다. 닭과 돼지는 그렇다 치고 요즘 도시에 사는 학생들 중 울타리를 치는 학생이 어디에 있는가?

혹평하자면 이런 유형의 문제들은 30년 전부터 내려온 문제를 그대로 베껴 쓴 것이다. 30년이 되도록 시대에 맞지 않는 예문을 바꾸지 않앚으니 교과서를 집필하는 교수들이 교과서 집필에 들인 시간과 정성을 미루어 짐작할 수 있다.

닭 다리, 돼지 다리 하는 유의 문제가 그러하니 다른 것은 어떻겠는가? 수학 교과서는 마치 역사 교과서를 보듯 구태의연한 퇴물들로 가득하다.

일선 학교 현장도 마찬가지다.

다음은 초등학교 6학년 학생이 숙제로 가져온 사회 학습지 내용의 일부다.

(   )하고 (   )한 고구려는⋯⋯.

빈칸에 들어갈 답은 '씩씩'과 '용맹'이다. 이 학습지를 보고 우리끼리 우스갯소리로 "'담대하고 용감한'은 안 되냐?"며 어이없어했다.

수학 문제라고 해서 다를 것이라고 생각하면 곤란하다. 어쩌면 이럴 수 있을까 싶게 단순 연산을 이중, 삼중으로 낸 시험지들이 지천으로 널려 있다. 그러니 3.14 계산을 통으로 외우게 하는 학교와 학원이 있는 것이다.

이해가 되는가? 3.14 계산이 너무 복잡해 제 시간에 풀 수 없으니 아예 1×3.14부터 10×3.14까지 외우게 한다.

학교 현장 분위기가 이러하니 사교육이나 참고서 시장도 이를 따라간다. 사교육에서는 여전히 밤 2시까지 풀어야 할 반복 연산 문제를 내주고 이를 해 오지 않는 학생들을 체벌한다. 그리고 학부모들은 이렇게 가르치는 학원을 은연중에 선호한다.

수학 참고서 중 베스트셀러가 된 참고서는 학교 시험에 나오는 모든 유형을 잡았다며 자랑스럽게 광고한다. 수학을 유형화했다는 것은 수학을 기계화하여 생각할 이유가 없어졌다는 뜻이다. 즉 수학을 하지 말라는 뜻이다. 사칙연산 따위를 계산기에 맡기듯 자신들이 유형화해 놓은 절차를 따라 그냥 외우면 된다고 선전하고 있는 것이다. 참고서 시장이 이러하다.

정세가 유동적이면 이해관계에 민감한 개인이나 관련 집단은 적나라한 사적 이익을 추구하는 경향이 있다. 그러나 공적 기관은 그나마 나름의 공익성을 추구한다. 현재 수학 시장에서 그나마 건강성을 유지하는 공간은 수능이다.

수능은 막바지 네다섯 문제로 변별력을 확보한다. 이 네다섯 문제가 1등급, 2등급을 가르는 경계로, 사실 이 문제를 풀지 못하면 수학을 공부할 이유 자체가 별로 없다. 그런데 이들 파이널 문제에 흐르는 문제의식은 학교 수학에 만연한 기계적이고 유형적으로 푸는 행위를 막는 데 있는 것처럼 보인다.

예를 들어보자. 2011년 6월 한국교육과정평가원 주최 모의고사 중 30번 문제다.

0을 한 개 이하 사용하여 만든 세 자리 자연수 중에서 각 자리의 수의 합이 3인 자연수는 111, 120, 210, 102, 201이다. 0을 한 개 이하 사용하여 만든 다섯 자리 자연수 중에서 각 자리의 수의 합이 5인 자연수의 개수는?

그냥 다음과 같이 천천히 세면 된다. 답은 17개다.

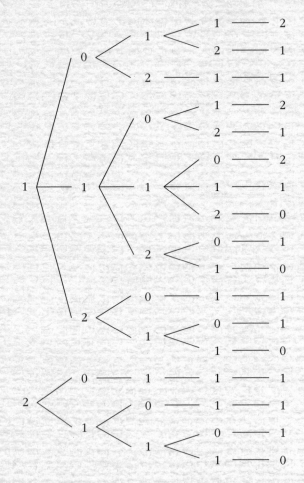

어려운가? 이게 앞서 말한 수능 파이널 문제 중 하나다. 우리는 이런 문제를 초등학생을 비롯하여 모든 학생들에게 자주 풀게 한다. 이런 문제들은 생각보다 쉽지만 차분히 하나하나 생각하지 않으면 풀 수 없는 문제다. 이런 문제들이 좋은 문제다. 학생들은 수학 하면 반드시 딱 떨어지는 공식이나 방법이 있다고 생각한다. 그리고 학교 수학의 문제들 대부분이 그렇게 설계되어 있다. 반면 수능 수학, 특히 파이널 문제 몇 문제는 그렇게 길들여진 학생들을 걸러내거나 학교 수학의 문제점을 제어하려는 의도를 담고 있는 것 같다.

수능 파이널 문제를 다룰 수 없다면 수학을 공부할 이유가 별로 없다. 현 입시 시스템하에서는 수능 파이널 문제를 다룰 수 없다면 수학 이외의 경로를 택해 대학에 진학하는 길이 열려 있다. 따라서 수학을 통해 무언가를 하고 싶다면 단순 기계적인 학교 수학이나 단기적인 이해에 얽매이지 말고 길게 보고 생각하는 수학을 해야 한다.

기본 유형을 충실히 잡아라

중학교 3학년인 지원이는 뒤늦게 공부를 시작했다. 초등학교 6학년부터 중학교 2학년 때까지는 수학을 접었다가 중학교 3학년이 되어 새롭게 공부를 시작한 경우다. 지원이는 일단 인수분해부터 시작했다. 그런데 가벼운 인수분해는 잘할 수 있을 것 같은데 3차식, 4차식으로 꼬아놓은 문제를 보면 의욕 자체가 꺾인다. 인수분해가 중요하다고는 하는데 걱정만 앞선다.

지원이의 이런 불안을 부채질한 것은 부모다. 1980년대에 중·고등 학교를 다닌 지원이의 부모는 인수분해가 중요하다며 문제집을 거듭해서 샅샅이 풀 것을 강조한다. 중요하다는 인수분해부터 막히니 지원이는 수학 자체를 포기하고 싶어진다.

1970~1980년대에 중·고등 학교를 다녔던 부모들에게는 고등학교 수학의 상징적인 단원이 인수분해였던 것 같다. 따라서 인수분해가 대단한 수학인 것처럼 생각하는 부모들이 적지 않다. 그래서인지 구구단은 그냥 외우라고 하던 부모들도 인수분해가 나오면 이를 과도하게 강조하며 학생들의 발목을 잡곤 한다.

특히 인수분해를 배우는 시점이 이제 막 고등학교 수학에 진입하는 초입이고, 학교 공부가 아직은 느슨한 반면 참고서들은 다양하게 나와 있는 점이 이런 경향을 부채질한다. 다수의 학생이 여러 권의 참고서, 심지어는 상위권 학생들이 보는 참고서의 난문까지를 외우다시피 하곤 한다.

인수분해는 고등학교 수학의 상징적인 단원이기는커녕 그냥 고등학교 수학을 하기 위한 단순 기술에 지나지 않는다. 인수분해의 위상을 정확히 이해하기 위해서는 구구단을 예로 드는 것이 어떨까 싶다.

사람들은 구구단을 그냥 외워야 하는 단순 수학 정도로 생각하는 경향이 있지만 앞에서 말했듯이 역사적으로 보면 수백 년 전까지만 해도 두 자릿수 곱셈을 할 수 있는 사람은 많지 않았다. 편안하고 빠른 곱셈을 하려면 위치 기수법과 0이 필요하기 때문이다.

근대 산업혁명과 국민국가의 출현으로 셈을 할 줄 아는 노동자나 국민이 필요했고, 이를 위해 나라에서는 의무교육을 통해 문맹과 수맹 또는 기초적인 전염병 따위를 그야말로 일거에 퇴치하기 시작한다.

초등학생들에게는 철마다 각종 전염병 주사를 맞히거나 기생충 검사를 했다. 이는 장티푸스, 콜레라 등의 전염병을 통제하는 가장 강력한 수단이었다. 같은 맥락에서 문맹과 수맹 또한 정말 삽시간에 사라졌다.(물론 여전히 글자를 몰라 고통 받는 노인들, 특히 할머니들이 있지만)

우리나라에서 문맹과 수맹을 퇴치한 일등 공신은 아마도 한글과 구구단일 것이다. 한글과 구구단은 쉽게 글자를 배울 수 있는 기본 베이스를 제공했고, 사람들은 이를 무기로 누구나 어렸을 때 "삼삼은 구,

사오 이십" 하면서 운율을 붙여 곱셈을 쉽게 배운 것이다.

한글이나 구구단은 문맹과 수맹을 극적으로 퇴치할 수 있는 토대를 만든 기념비적 업적이다. 한글과 구구단이 그런 역할을 할 수 있었던 것은 그것의 단순함에 있다. 단순하기 때문에 누구라도 쉽게 배울 수 있었던 것이다.

반면 인수분해는 다른 대우를 받는다. 구구단을 운율을 붙여 쉽게 배웠던 기성세대가 처음으로 부딪힌 난관이 인수분해였을 것이다. 덕분에 다수의 부모들이 인수분해에 특별한 의미를 붙여가며 이를 강조하는 경향이 있다.

그러나 인수분해는 수학적으로 보면 구구단에 비해 역사적 지위가 한참 떨어지는 분야다. 가령 0이나 위치 기수법이 인류 문명을 가로지를 만한 역사적 업적이라면 인수분해는 명함조차 내밀지 못하는 고만고만한 수학일 뿐이다.

자, 이제 구체적으로 들어가 보자. 초등학교 고학년 그리고 중학교 1~2학년 시기에 수학에 소홀했다가 3학년이 되어 새롭게 수학을 공부하려고 한다. 그런데 그 첫 관문이 전개와 인수분해다. 어떻게 하면 될까?

보통 구구단을 배운 후 세 자릿수 곱셈은 거듭해서 연습하지 않는다. 심지어 고등학교 수학에서 이런 종류의 계산은 잘 나오지도 않는다. 기껏해야 두 자릿수 곱셈 정도이고, 두 자릿수 곱셈을 할 수 있으면 세 자릿수 곱셈은 그냥 할 줄 아는 것으로 간주한다. 그래서 대부분의 사람들은 그 정도 계산은 그냥 계산기에 맡긴다. 인수분해도 마찬가지다. 가령 x^4+x^2+1을 인수분해하라는 따위는 고등학교 수학에 나오지 않는다. 이런 문제는 수학자들이 연구를 통해 발견한 풀이법이고, 상위권 학생들을 변별하기 위한 문제다. 이제 공부를 시작하려는 학생 또는 중위권 학생들 거의 전부가 풀 이유가 없는 문제다. 비유하자면 23436×4593을 풀 이유가 없는 것과 같다.

인수분해를 공부하려면 x^2+2x+1과 같이 x의 2차식 기본 유형을 반복해서 정확히 익히는 것이 중요하다. 인수분해는 중학교 3학년에서 고등학교 1학년 단원에 걸쳐 등장하고, 인수분해와 인수분해를 활용한 이차방정식, 이차함수 등은 고등학교 2학년 이상의 수학을 하기 위한 기초 과정이다.

따라서 중요한 것은 여러 유형의 문제를 푸는 것이 아니라 기본 연산을 매우 빠르고 정확하게 푸는 것이 중요하다. 구구단을 예로 든다면 3451×98473 따위의 곱셈을 하는 것이 중요한 것이 아니라 $4 \times 5 = 20$ 정도의 기본 셈을 자연스럽게 할 수 있도록 연습하면 된다.

할 수만 있다면 지원이처럼 중학교 3학년이 되어 새롭게 공부하려는 마음을 먹은 학생들 외에도 대다수의 학생이 그렇게 하는 것이 좋다.

상위권 학생이라면 과도한 난문은 그냥 틀리고 마는 것이 좋다. 많은 학생들이 다수의 참고서를 뒤져가며 이런 문제를 푸는데, 수학의 긴 여정을 생각한다면 초반에 무리해 나중에 탈이 날 가능성이 크다.

인수분해를 적당히 배웠으면 바로 지수와 로그나 수열 등 상위권 수학으로 넘어가는 것이 좋다. 수리력이 좋은 경우에는 인수분해가 어느 정도 익숙해지면 반복 연습보다는 상위 수학을 하면서 자연스럽게 인수분해를 익히도록 배치하는 것도 좋다.

어른들이 나이가 들어서도 구구단을 자연스럽게 사용할 수 있는 것은 일상적으로 그것을 사용하기 때문이다. 마찬가지로 고등학교 수학을 하기 위해서는 싫든 좋든 인수분해를 할 수밖에 없다. 고등학교 3학년이 될 때까지 아마 수천(만) 번 이상 하게 될 것이다. 따라서 과잉으로 공부하여 전체적인 균형을 잃는 잘못을 범하지 말아야 한다.

중·하위권 학생이라면 복잡한 인수분해는 절대로 건드리지 말아야 한다. 중·하위권 학생들에게 중요한 것은 인수분해 자체가 아니라 고등학교 수학에 필요한 도구로서의 인수분해다. 고등학교 수학에서 필요한 인수분해는 몇 가지 기본 유형을 정확히 구분하고 그것을 빠른 시간에 계산할 수 있는 숙련도이지, 중학교 3학년 시험문제를 한 문제 더 맞히는 것이 아니다.

학생들 가운데 고등학교 2~3학년이 되어 새롭게 수학 공부를 하겠다는 학생들이 있다. 그런데 이차식의 인수분해를 못 풀거나 일차함수의 그래프를 못 그려 곤란을 겪는다. 학생이 인수분해나 일차함수를 공부하지 않아서가 아니다. 그동안 이것저것 공부하느라 정작 훗날을 기약할 수 있는, 피가 되고 살이 되는 공부를 하지 않았기 때문이다.

더 결정적인 문제는 그렇게 과잉 공부를 하면 아예 재기할 기회를 잃을 수도 있다는 점이다.

수학 공부의 매력은 많은 학습량이 아니라 풀릴 듯 말 듯 가까이에 있는 문제가 풀렸을 때의 손맛이다. 이 손맛이 바로 공부의 동력이다. 중학교 3학년이라도 늦지 않다. 무리하지 말고 훗날을 기약하여 구구단을 외우듯 기본 유형만 충실히 잡을 수 있도록 해주자.

미지수 X를 구성하는 기법을 연습하라

중학교 2학년인 경민이는 유난히 문장제 문제에 약하다. 문장제 문제만 나오면 기겁을 하며 움츠러든다. 아무리 공부해도 점수가 잘 나오지 않는다.

비단 경민이뿐만 아니라 대다수의 중·하위권 학생들이 이런 상태다. 먼저 문장제 문제와 관련한 몇 가지 사례를 들겠다.

다음은 시중 참고서에 나오는 문제들이다. 정도의 차이는 있지만 대동소이한 문제들이 거의 모든 교과서와 참고서에 그대로 실려 있다.

_ A와 B가 함께 일하면 6일 걸리는 일을 A가 3일 일하고 나머지는 B가 8일 일하며 완성하였다. 같은 일을 B가 혼자 일하여 마치려면 며칠이 걸리는지 구하여라.

_ 등산을 하는데 올라갈 때는 시속 3km로, 내려올 때는 다른 길을 시속 4km로 걸어서 4시간 30분이 걸렸다고 한다. 등산을 한 총 거리가 16km일 때 내려온 거리를 구하여라.

_ 8%의 소금물과 13%의 소금물을 섞어서 10%의 소금물 1000g을 만들려고 한다. 이때 8%의 소금물과 13%의 소금물을 각각 몇 g씩 섞

으면 되는지 구하여라.

이 개념들은 매우 어렵다. 첫 번째 문제는 A, B가 하루에 일하는 양을 각각 a, b로, 전체 일의 양을 1로 정한 뒤 풀어야 한다. 이렇게 한 후 이를 $6a+6b=1$, $3a+8b=1$로 놓고 연립방정식을 풀어야 한다.

일차연립방정식을 풀기 위한 문장제 문제이지만, A가 하루에 일하는 양을 a, 전체 일의 양을 1로 정하는 수학적 기법이 동원되어야 한다. 이걸 모르면 풀기 어렵다. 이는 중학교 2학년 수준의 사고력을 뛰어넘는다. 덕분에 대부분의 수업에서는 방법을 가르쳐주고 풀게 한다.

두 번째, 세 번째 문제도 마찬가지다. 일차연립방정식을 응용하는 문제로 오래전부터 내려온 문제인데 문제의 난이도가 높거나 복잡한 과정이 필요하여 일차연립방정식의 응용문제로는 적합하지 않다.

흔히 일차방정식의 풀이나 문자 연산은 기계적인 연산, 그것을 문장으로 풀어놓은 문장제 문제는 사고력 문제로 분류하는 경향이 있지만 내용적으로는 그렇지 않다. 중학교 과정에서는 실생활과 관련된 문제를 푸는 것보다 x나 y 등의 문자를 정확히 다루는 것이 훨씬 중요하다. 따라서 문장제 문제는 되도록 쉽고 이를 문자로 사용하는 데 중점을 둔 문제가 좋다.

예를 들면 다음과 같다.

1000원짜리 노트 한 권을 사면 $1000 \times 1 = 1000$원이다. 한편 두 권, 세 권, 네 권을 사면 각각 1000×2, 1000×3, 1000×4를 하면 된다. 이

를 일반화하면 1000×x가 된다. 여기서 중요한 것은 노트 한 권, 두 권, 세 권에 흐르는 일련의 경향을 x라는 문자를 통해 일반화하는 것이다.

또 앞에서 언급했듯이 중학교 문장제 문제 중에 이런 문제가 있다.

닭과 돼지를 합쳐 10마리이고, 닭 다리와 돼지 다리를 세어보니 모두 30이었다. 이때 닭과 돼지는 각각 몇 마리인가?

닭이 한 마리 있다면 돼지는 몇 마리 있을까? 대부분은 "9"라고 답한다. 이것은 초등학교 산수의 감각이다. 중학교 수학에서 중요한 것은 주어진 조건을 이용해 문제를 일반적으로 다룰 수 있도록 (또는 미지수가 자연스럽게 도출되도록) 해야 한다는 점이다. 닭이 한 마리일 때 주어진 조건을 활용해 돼지 숫자를 계산하면 $10-1$이다. 두 마리라면 $10-2$이고 x마리이면 $10-x$다.

다른 예를 들어보자. 중학교 1학년 수학에 나오는, 다각형의 대각선 개수를 구하는 문제다. 가령 오각형의 대각선 개수를 구하는 문제를 풀어보기로 하자.

오각형의 점 5개 중 임의의 점 1개를 잡는다. 이 점에서 그을 수 있는 대각선의 개수는 몇 개일까?

십중팔구는 "2"라고 답한다. 앞서 언급했듯이 중요한 것은 x를 도출하는 과정이다. x를 도출하기 위해서는 주어진 조건을 활용하여 해당 상황에 맞는 규칙을 발견해야 한다.

오각형이니 그을 수 있는 선의 수는 5개이다. 그런데 그중 자기 자신과 옆의 두 점에는 대각선을 그을 수 없으니 답은 '5-3'이다. '5-3'과 '2'는 다르다. 2를 가지고는 아무런 규칙을 찾을 수 없지만 '5-3'이라는 수식에는 일정한 규칙이 담겨 있다. 계속해서 육각형이면 '6-3', 칠각형이면 '7-3'이다. 이렇게 하는 이유는 자연스럽게 x를 도출하기 위해서다. 여기서는 x-3이다.

x각형을 구성하는 x개의 점 중 하나의 점에서 그을 수 있는 대각선의 개수는 x-3이다. 그리고 x각형의 점은 x개 있으므로 총 대각선의 개수는 $(x-3) \times x$다. 그런데 모든 대각선이 두 번씩 계산되었으므로 x각형의 총 대각선의 수는 $\dfrac{x(x-3)}{2}$이다.

결론을 말하면 다음과 같다.

초등학교 수학의 목표가 대체로 자연수에 기초한 사칙연산이라면 중학교 수학은 실수에 기초한 문자 연산이 목표다. 자연수에 기초한 사칙연산과 문자가 결합된 연산은 두 가지 점에서 다르다. 하나는 일반화이고 다른 하나는 식을 다루는 수준이 다르다.

$(a+b)^2 = a^2 + 2ab + b^2$이라는 식이 있다면 a, b에 어떤 수를 넣어도 등식이 성립한다. 즉 이 식은 구체적인 사실을 넘어 일반적인 법칙을 다룬다고 볼 수 있다.

두 번째는 식을 다루는 수준이다. 사칙연산 $1+2 \times 3$을 계산할 경우 그냥 계산하면 된다. 주의해야 할 점은 곱하기를 더하기보다 먼저 한다는 약속 정도다. 그런데 문자가 들어가면 양상이 달라진다. 가령 $x+1=2$라는 방정식을 풀 경우, 등식의 양변에서 각각 1을 뺀다는 새로운 수준의 연산 역량이 필요하다.

전체적으로 보면 중학교 수준에서는 여러 가지 구체적인 상황 속에서 정확히 문자식을 사용할 수 있는 정도면 충분하다. 따라서 제시되는 상황(문장)은 문자를 정확히 사용할 수 있도록 명료하고 간결해야 한다. 그런데 중학교 2학년 문장제 문제는 대부분 너무 복잡하다. 문제가 중학교 수학이 요구하는 수준을 뛰어넘어 변별력을 확보하기 위해 인위적으로 고안되었기 때문이다. 이런 수준의 문제는 중학생에게는 너무 어려워 중학교 수학의 취지를 넘어선다. 이런 문제를 풀 수 있는 학생이라면 공부를 중학교 2학년 수학에 묶어두기보다는 다음 단계로 진도를 나가는 것이 좋다.

문장제 문제에서 막히는 학생에게는 교과서나 참고서에 나오는 문장제 문제를 풀게 하지 말자. 십중팔구 헤매거나 수학적 원리가 아니라 문제 자체를 외워서 시험문제를 풀게 된다. 외워서 풀었다고 해서 그것이 수학적 지식으로 쌓이는 것은 아니다. 따라서 쿨하게 틀리고 말 것을 권한다. 물론 이런 태도와 자세는 쉽지 않다. 그럼에도 길게 보고 쓸데없는 문제를 푸는 대신 시간을 죽이지 말고 전진하게 하자.

원의 면적 증명은
반드시 익혀라

중학교 3학년인 승태는 시험을 잘 보기 위해 피타고라스의 여러 가지 증명을 배운다. 그중 대표적인 것이 유클리드가 한 다음의 증명이다.

승태는 여러 번 반복해서 이를 공부했지만 정작 시험에서는 틀리고 말았다.

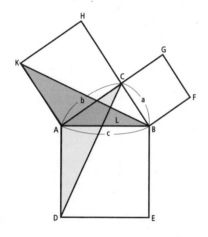

$\triangle$ABC에서

$\overline{AB}^2 = \square$ADEB

$\overline{AC}^2 = \square$KACH

$\overline{BC}^2 = \square$CBFG라고 하면,

$\square$KACH + $\square$CBFG = $\square$ADEB가 되고,

BC = a, AC= b, AB=c라고 하면,

$a^2 + b^2 = c^2$이 된다.

중학교 1~3학년 2학기에는 어김없이 기하가 등장한다. 또 기하에서는 빠짐없이 증명이 나온다. 이 증명 단원을 어떻게 처리해야 할까?

기하에서 증명은 대단히 중요한 작업이다. 아마 수학을 배우는 목적에 가장 잘 부합하는 단원이 이 부분이 아닐까 싶다.

점, 선, 면 등 기본적인 정의와 공리에서 시작해 이미 약속했거나 증명된 사실만을 가지고 하나하나 논리적으로 어떤 사실을 증명해가는 과정은 수학의 묘미이고 모범이라고 볼 수 있다.

그런데 다수의 증명이 대부분의 중·하위권 학생들에게는 너무 어렵다. 피타고라스의 증명을 예로 든다면 이를 증명한 수백 가지의 사례 중에서 유클리드의 증명은 특히 어렵다. 덕분에 많은 학생들이 증명의 엄밀함, 논리적 과정을 배우기보다는 외우는 데 급급해한다.

한편 교과서는 증명을 매우 강조하고 있지만 정작 학교 시험에는 잘 나오지 않는다. 아마도 채점 편의를 위해서 그런 것 같다. 나오더라도 빈칸 채우기식으로 나오는 경우가 많다.

초등학교에서 중학교에 걸쳐 나오는 여러 가지 증명 중 몇 가지는 반드시 익혀야 하는 것들이다. 특히 수학적 감각이 잘 살아 있고 학생들이 감탄할 만한 증명은 시험 성적과 무관하게 의무적으로 하도록 일종의 자격 조건(관문)을 두는 것이 어떨까 싶다.

그중 하나가 원의 면적이 πr^2임을 보여주는 다음 증명이다.

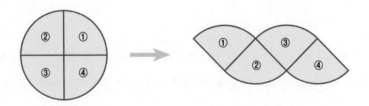

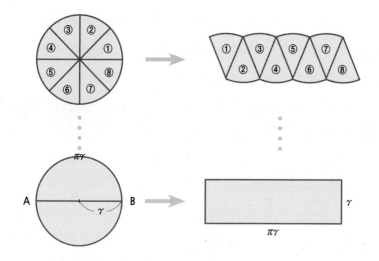

학생들은 원의 면적이 왜 πr^2인가 궁금해한다. 그런데 이를 증명하는 발상 자체가 매우 신선하다. 그리고 동원된 기법은 미적분이다. 여기에 다음과 같은 철학적인 질문을 던지는 것도 좋다.

원을 무한히 쪼개어 결국 부채꼴의 곡선이 사라지는 상황이 되면 부채꼴은 더 이상 부채꼴이 아니다. 기하학에서 보통 직선은 폭이 없는 것으로 간주한다. 따라서 원을 무한히 쪼개어 부채꼴로 바뀌어 직선이 되는 상황이 되면 직선은 넓이를 갖지 않는다. 즉 0인 것이다. 그렇게 0에 무한히 근접한 아주 작은 부채꼴 또는 직선을 모두 합쳐 이를 직사각형으로 간주하여 원의 넓이를 계산하는 것이다. 0을 무한히 합하여 원의 면적을 구하는 과정은 매우 경이롭다. 초등학생이 이해하기는 어려워도 광대한 수학의 세계의 맛을 보여주는 것만으로도 충분한 가치가 있다.

이 과정은 매우 산뜻하고 신선할 뿐만 아니라 이해도 쉽다. 경험에 따르면 어지간한 중·하위권 학생들도 이를 쉽게 이해하고 좋아한다. 이런 멋진 증명 몇 가지를 선별하여 반드시 익히게 하면 좋을 듯하다.

앞에서 언급한 피타고라스의 증명도 유클리드의 증명보다는 다음 증명을 익히게 하는 것이 어떨까 한다.

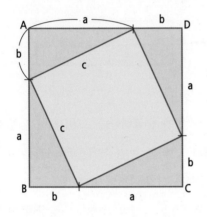

정사각형 ABCD의 넓이는
$(a+b)^2 = a^2 + 2ab + b^2$ − ①
정사각형 ABCD의 넓이를 다른 방식으로 구하면
$c^2 + 4 \times \dfrac{1}{2} ab$ − ②
①=②이므로
$a^2 + 2ab + b^2 = c^2 + 4 \times \dfrac{1}{2} ab$
$a^2 + b^2 = c^2$

중학교 도형 파트에서는 수많은 증명이 등장한다. 덕분에 어떤 학생들은 증명 문제를 아예 손대지 않고 또 어떤 학생은 교과서에 나오는 모든 증명을 다룬다. 학생의 수준을 고려하여 세심하게 이를 선별하여 학생들에게 제공하는 것이 중요하다.

🌿 수학적 의미가 있는 증명은 반드시 익혀라. 그러나 기하의 변별력을 위해 잡다하게 늘어놓은 복잡하고 지엽적인 증명 때문에 기하를 포기할 필요는 전혀 없다.

급한 것은
문자 연산과 함수다

중학교 2학년인 승희는 유독 기하를 싫어한다. 대수는 기계적인 과정이 많아 외우거나 학습량을 늘리면 풀 수 있지만, 기하는 푸는 과정이 일정치 않고 참신한 발상을 요구하는 과정이 많아 좀처럼 손을 대지 못한다.

중학교 1~3학년 기하는 대부분 유클리드기하다. 이 유클리드기하는 몇 가지 특징을 갖는다.

첫째는 증명이다. 중학교 1~3학년 과정에서 대부분의 공식은 증명을 하게 되어 있다. 둘째는 정해진 조건에 따라 각도나 길이를 구하는 문제를 풀어야 한다. 셋째는 출제된 시험문제 중에는 반드시 매우 어려운 문제들이 있다.

앞에서 설명했듯이 중학교에서 증명은 수학을 배우는 기본 목적에 가장 잘 부합하는 부분이다. 따라서 기본적인 몇 개의 증명은 시간이 걸리더라도 반드시 익히는 것이 좋다. 물론 학생의 수준과 특성을 고려하여 잘 선별하는 것이 중요하다.

중·하위권 학생들은 두 번째 부분에 집중하여 중학교 1~3학년 내용을 포괄하여 아주 기본적인 문제만 반복해서 푸는 것이 좋다.

중학교 1~3학년 기하의 결정적인 맹점은 일정한 시험 범위를 정해놓고 시험문제를 출제하는 것이다. 가령 '닮음'이나 '사각형의 성질' 등이 시험 범위가 될 수 있다. 기하에서 시험 범위가 정해졌다는 것은 사실상 열쇠를 주고 자물쇠를 열라는 것과 마찬가지다. 이미 닮음 단원에서 문제가 출제된다는 것 자체가 다른 무엇보다 강력한 힌트다.

상황이 이렇기 때문에 기하 파트는 문제의 난이도가 높다. 다른 말로 하면 풀 이유가 없는 문제들이다. 더 큰 문제는 중·하위권 학생들에게는 이런 유형의 난문이 이후 공부에 아무런 도움이 되지 않는다는 점이다. 닮음이라는 힌트를 주지 않고 그냥 문제를 풀라고 하면 정답률이 현저히 떨어진다. 기하 문제 풀이가 '닮음을 이용해' 답을 구하는 것이 아니라 '닮음을 통해' 답을 구하는 것이기 때문이다. 일단 닮음을 통해 푼다는 방향이 정해지면 나머지 과정은 잔불 처리와 비슷하다. 따라서 닮음, 사각형의 성질, 원의 성질 등 일정한 시험 범위를 갖고 기하를 공부하면 3년 내내 공부해도 남는 것이 없다. 고등학교에 가면 마치 백지처럼 아무 기억도 나지 않는다.

🌿 중·하위권 학생들에게 유클리드기하는 그렇게 중요하지 않다. 급한 것은 문자 연산과 함수다. 따라서 기하는 가볍게 보고 너무 힘을 쏟지 않는 것이 좋다. 만약 공부를 한다면 시험 범위를 정하지 말고 중학교 1~3학년 과정을 통틀어 기본적인 문제를 통합하여 반복해서 푸는 것이 좋다.

유클리드기하학

먼저 기하학을 개괄해보자. 대체로 초등학교에서 중학교 1~3학년까지 배우는 도형 파트가 유클리드기하학이다. '유클리드'라는 이름이 붙은 것은 이집트와 메소포타미아에서 발전한 도형에 대한 연구를 그리스에서 발전시켰는데, 이를 집대성한 인물이 유클리드(에우클레이데스)이기 때문이다.

다음으로 중요한 것이 데카르트기하학이다. 데카르트는 좌표를 도입하여 유클리드기하학에 대수를 결합시켰다. 도형에 좌표, 즉 숫자가 도입되면서 각종 도형을 대수적으로 다룰 수 있게 되었다. 데카르트기하학(해석기하학)은 고등학교 1학년 과정과 고등학교 2학년 이과 수학에서 나온다.

그 밖에 프랙털기하학(무한등비급수) 등이 교과에 나오고 비유클리드기하학은 교과에 나오지 않는다.

유클리드기하학의 결정적인 문제점은 그것이 제한된 세계관을 반영하고 있거나 틀렸다는 점이다. 먼저 다음 내용들을 살펴보자.

_ 어떤 점에서 다른 점을 잇는 최단 거리는 직선이다.

_ 평행선은 영원히 만나지 않는다.

_ 삼각형의 내각의 합은 180도다.

_ 세 변의 길이가 같은 삼각형은 서로 합동이다.

이 내용들은 중학교 전 과정을 일관하는 유클리드기하학의 핵심 공리다. 그런데 이 내용들이 모두 사실일까?

어떤 점에서 다른 점을 잇는 최단 거리는 직선인 것처럼 보인다. 적어도 우리가 일상생활을 살아가는 공간 범위에서는 그렇다. 그런데 조금 더 시야를 넓혀 지구 표면을 대상으로 한다면 상황이 달라진다. 서울과 같은 위도상에 있는 또 다른 도시로 비행할 때 최단 거리는 동서 직선 방향이 아니다. 실제 서울과 같은 위도에 있는 도시로 비행할 때, 비행기는 동서 직선 방향으로 비행하지 않는다. 서울과 같은 위도에 있는 도시를 원호의 두 점으로 하고 지구의 중심을 잇는 대원을 지나는 선이 최단 거리가 된다.

평행선은 영원히 만나지 않는다는 원리도 지구 표면을 고려하면 전혀 다른 이야기가 된다. 적도상에 위치한 두 도시에서 북쪽으로 평행선을 그으면 북극에서 만난다. 평행선은 영원히 만나지 않는 것이 아니라 어느 점에선가 만난다.

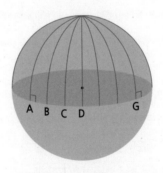

삼각형의 내각의 합은 평행선은 영원히 만나지 않는다는 원리에서 출발한 것인데 평행선이 어딘가에서 만난다면 삼각형의 내각의 합이 180도라는 매우 기본적인 사실조차 들어맞지 않는다. 지구 위와 같은 곡면상의 삼각형의 내각의 합은 180도가 넘는다.

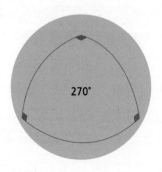

즉 유클리드의 공리는 우리가 살아가는 일상생활 공간에서 성립한 것인데, 시대가 발전함에 따라 우리의 공간 감각은 지구 표면으로 발전했다. 지금은 누구라도 쉽게 해외여행을 다니는 시대다. 따라서 우리가 알아야 할 기하학은 일상생활에서 성립하는 소박한 기하학이 아니라 적어도 지구 범위의 기하학이어야 한다. 후자의 관점에서 보면 유클리드기하학은 시대착오적인 것이다. 그런데 그런 기하학을 중학교 3년 내내 배운다.

시공간에 대한 관점은 우리가 살고 있는 세계를 이해하는 지름길이다. 그런데 아인슈타인의 상대성원리는 시공간에 대한 우리의 상식과는 전혀 다른 관점을 제공한다. 특수상대성이론에 따르면 시간은 절대적인 것이 아니라 대상에 따라 달라지는 상대적인 물리량이다. 즉 시간의 흐름은 정지하고 있는 사람과 운동하고 있는 사람에게 똑같은 것이 아니다. 시간은 운동하고 있는 사람에게는 천천히 흐른다.

일반상대성이론은 더욱 놀라운 사실을 말해준다. 중력이 있는 곳에서 공간은 휘어져 있다. 이게 무슨 소리인가? 나도 잘 모른다. 아인슈타인의 권위를 믿고 그냥 가보자. 그렇다면 세 변이 같은 두 삼각형이 합동이라고 말하기 어렵다. 두 삼각형이 위치한 공간이 절대적이지 않고 세 변이 같은 삼각형을 그대로 평행 이동하는 공간 자체가 휘어져 있다면 두 삼각형의 합동에 대해 말할 수 없다.

결론적으로 유클리드기하학은 현대 과학의 최신 성과와 부합하지 않는다. 그래도 유클리드기하학의 공리들 대부분이 일상생활을 설명하는 데 별 장애가 없기 때문에 문제가 아니라고 말할 수 있다.

만약 수학이 공학 같은 거라면 별 문제가 없다. 가령 다리를 설계하는 데 다리 길이를 100.0000000001미터로 하든 100미터로 하든 별 차이가 없다. 유클리드기하학이 완전하지는 않지만 일상생활을 다루는 데 이 차이는 무시해도 좋을 정도의 작은 오차이기 때문이다.

그러나 수학은 공학과 같은 실용적인 학문이 아니라 세계를 설명하는 일종의 철학이다. 세계관을 다루는 철학에서 중요한 것은 미세한 오차가 아니라 세상을 보는 패러다임이다. 시공간을 절대적인 무엇으로 볼 것인가, 아니면 상대적인 범주로 볼 것인가는 우리가 세계를 어떻게 바라볼 것인가를 결정하는 근본적인 문제라는 뜻이다.

그렇기 때문에 사람들은 지동설과 천동설을 두고 그렇게 싸운 것이다. 그것 때문에 브루노는 화형을 당했고 갈릴레이는 종교재판소에서 자신의 신념을 꺾어야 했다. 세계관은 어떤 인간이 세상을 바라보는 방향과 관점을 결정하며, 우리는 그에 따라 순차적으로 일상적인 도덕관념과 가치관을 구성한다. 그것은 어떤 사람, 어떤 시대의 기저를 이루는 가장 근본적이고 기초적인 것이다.

유클리드기하학을 과도하게 기르치는 것은, 일상생활을 하는 데 별 지장이 없다는 이유로 뉴턴물리학(뉴턴물리학은 시공간을 절대적인 기준으로 삼는다)을 절대적인 진리로 가르치는 것과 다름이 없다. 뉴턴물리학을 하더라도 일상생활에 별 지장이 없을 수는 있다. 그러나 그 사람은 뉴턴물리학을 넘어 거대 우주, 극미 원자 세계를 다룰 때 사실을 이해하는 초보적인 단계에서부터 벽에 부딪히게 될 것이다.

유클리드의 《기하학 원론》은 《성경》 다음으로 많이 팔린 책이다. 왜냐하면 《기하학 원론》에 흐르는 기조와 정서가 근대 합리주의를 상징적으로 표현하고 있기 때문이다.

《기하학 원론》은 공리로부터 시작해 하나하나 벽돌을 쌓듯 건물을 완성해간다. 하나하나 벽돌을 쌓는 과정은 비약이나 억지가 있을 수 없고 공리나 이미 증명된 사실에서 이어져야 한다. 이 바늘 틈 하나 없을 듯한 엄정한 논증의 세계가 근현대 사회를 이끈 동력이라고 할 수 있다.

보통 수학을 배우는 목적을 이 같은 일련의 지적 작업, 즉 논리적 훈련을 쌓는 데 가장 유용하기 때문이라고들 한다.

그렇다면 이렇게 반문할 수 있겠다. 논리적인 것은 반드시 좋은가?
대부분의 사람들은 논리적인 것을 우호적으로 생각한다. 그것은 근현
대의 패러다임이 그렇기 때문이다

공자·맹자나 플라톤·아리스토텔레스 이전의 사회에서 중요시한 것은
논리적인 것보다는 영웅적이고 감성적인 어떤 것이었다. 각종 신화와
전설은 영웅호걸의 무용담으로 가득하고 주술이나 샤머니즘의 세계는
몽환적이고 신비한 색채로 가득 차 있다.

인류가 논리적인 것을 중시하게 된 것은 인구가 많아지고 사회가 발
전하여 사회의 기초를 누구나 동의할 수 있는 합리적인 근거에서 찾
아야 했기 때문이다. 여기서 말하고자 하는 것은 논리적인 것이 항상
좋은 것이 아니라 그것 또한 어떤 시대의 산물이라는 점이다.

비유클리드기하학은 유클리드기하학을 상대화하는 과정에서 출현했
다. 바늘 틈 하나 없이 세상을 완벽하게 설명할 것 같던 논리적 체계
를 부순 것은 유클리드의 논리 체계 안에서 허우적대는 것이 아니라
그 밖에서 태동한 새로운 발상이었다. 대개 이러한 새로운 발상을 지
탱하는 동력은 직관이거나 번뜩이는 깨달음이다.

이는 공리에서 출발하여 하나하나 벽을 쌓아가는 과정이 아니라 '그
공리는 타당한가?', '그것과 다른 패러다임은 없는가?'라는 의문에서
출발했다.

시간이 지날수록 논리적인 사고보다는 세상을 바라보는 다른 관점과
패러다임이 중요하지 않을까? 창의적이고 혁신적인 인재란 기존의

패러다임에 의문을 던지고 새로운 무언가를 창조할 수 있는 존재가 아닐까 싶다. 이런 관점에서 보면 수학이 곧 논리적이라는 생각은 제한적으로만 가치가 있다고 생각한다.

작도나 통계는
실습이 효과적이다

중학교 1학년인 정우는 2학기 수학이 너무 싫다. 도수분포표 단원은 어렵지는 않은데 단순한 더하기, 나누기를 끝도 없이 해야 하고, 작도 문제는 작도가 가능한 각도를 소수점 자리까지 외워야 한다. 모르는 것은 아니지만 하고 싶지 않다. 엄마에게 통계와 작도만 대충 시험 보면 안 되겠느냐고 하니 엄마는 무조건 학교 시험은 잘 봐야 한다고 한다. 정우는 정말 통계와 작도가 싫다.

중학교 1학년 2학기에 작도와 통계 단원이 나오면 교사나 학생들은 한숨부터 쉰다. 공부를 하려면 제대로 했으면 좋겠는데 제대로 공부하지 않은 상태에서 시험문제를 풀어야 하기 때문이다.

경험적으로 볼 때 시험 범위가 넓으면 오히려 공부하기 좋다. 중요한 것을 중심으로 하면 되기 때문이다. 그런데 시험 범위가 좁으면 공부하기 어렵다. 도대체 어디서 문제가 나올지 모르기 때문이다.

그런데 작도와 통계는 한번 경험해보는 것이 좋은 단원이다. 그래서인지 광명의 어느 혁신 학교에서는 작도와 통계 단원을 현명하게 처리했다.

작도는 마치 실험 실습을 하듯 한번 해보는 것으로 시험을 대체한 것이다. 실험 실습하는 데 어려움도 없다. 그냥 자와 컴퍼스만 있으면 된다. 자와 컴퍼스를 가지고 정삼각형이나 수직 이등분선을 그려보는 것이다. 아마 이것이 백날 강의하는 것보다 나을 것이다.

통계 단원은 사회 과목과 연계해 모둠별 주제를 잡고 설문 조사와 데이터를 분석하는 것으로 시험을 대체했다. 통계는 각종 데이터를 모으고 분석하고 추정하는 학문이다. 분석하고 추정하는 과정에서 대단히 복잡한 고등학교 수학이 동원된다. 그런데 학생들이 통계 단원을 어려워하자 미리미리 배워두라는 의미로 중학교 1학년과 3학년 과정에 적당히 삽입해놓았다.

문제는 그렇게 삽입된 중학교 1학년 통계 단원은 너무 쉽다는 것이다. 통계 단원의 처음은 그냥 데이터를 모으고, 모은 데이터를 정리하는 것이다. 막대그래프니 도수분포표니 하는 것들이 그런 것들이다.

데이터를 모아 표로 정리하는 작업은 교과서를 통해 배우기보다는 단원의 성격상 한번 해보는 것이 좋다. 반 학생들의 키나 몸무게를 데이터로 정리하여 막대그래프를 그려보게 하는 것이다. 조금 더 마음을 쓴다면 학생들의 스마트폰 사용 시간 같은 주제를 잡을 수도 있겠다. 어쨌든 중학교 1학년 통계 단원은 지필 고사보다는 실험 실습에 더 어울리는 분야다.

앞의 혁신 학교의 경우, 작도와 통계 단원을 실험 실습으로 대체하여 시험과 관련한 쓸데없는 스트레스도 줄이고 작도와 통계 단원의 목적에 걸맞은 수업을 진행했다.

✿ 학교는 너무 경직되어 있다. 교과 진도대로 나가는 것이 필요하겠지만 일선 현장에서 학생들의 처지와 상태를 고려하여 탄력적으로 조정할 필요가 있다. 그것만으로도 학교교육을 정상화하는 데 큰 기여를 할 것이다. 바라는 것이 있다면 학교 현장에 더 많은 자율권이 주어지고, 현장에서 일하는 교사들도 더 소신을 가졌으면 하는 것이다.

좋아하는 것부터 공부하라

중학교 2학년인 원경이는 유독 기하학을 좋아한다. 원경이는 다양한 조건을 놓고 각도나 길이를 구할 때는 쾌감마저 느낀다. 기하의 좋은 점은 문제 풀이 방법이 다양하다는 점이다. 원경이는 쉽고 단순한 방법보다는 자기만의 독특한 방법으로 기하 문제 푸는 것을 정말 좋아한다.

중학교 3학년인 승진이는 사회와 역사를 좋아한다. 승진이에게 영어나 수학은 왜 배워야 하는지 모르는 이상한 과목이다. 승진이는 영어와 수학에 나름 시간과 돈을 투자했지만 남은 것은 거의 없다. 수업 시간에 빠지기 일쑤였고 수업을 들었더라도 제대로 남은 것이 없다. 반면 좋아하는 사회 토론 시간은 한 번도 빠진 적이 없다.

사람들은 '하루에 수학 몇 시간, 영어 몇 시간' 하는 식으로 꾸준하고 계획성 있게 공부해야 한다고 생각한다. 그런데 학생들에 따라 그렇지 않은 경우가 더 많다. 중·고등 학생에게는 사춘기라는 것이 있어 이 시기에는 공부를 잘 하지 않는다.

원경이 사례에서 보듯 수학에서 어떤 분야를 특히 좋아하는 학생이 있다. 또 승진이 사례에서 보듯 영어, 수학에는 별 흥미가 없지만 사회 분야를 특히 좋아하는 학생이 있다.

만약 학생이 그렇다면 좋아하는 것을 더 많이 하도록 해주는 것이 좋다. 공부를 함에 있어 가장 중요한 요소 중 하나는 재미다. 하루 종일 공부해야 하는데 그것이 그냥 억지로 하는 공부면 오래갈 수도 없고 효율적이지도 않을 것이기 때문이다.

따라서 어떤 분야라도 재미있는 분야가 있다면 그 분야를 집중적으로 공부하도록 해주는 것이 좋다. 특히 중학교 시기에는 아직 여유가 있으니 유연하게 포트폴리오를 짜는 것도 좋은 방법이다.

중·고등 학생들이 공부를 함에 있어 가장 중요한 것은 목적의식이다. 자신이 무엇을 잘하고 무엇을 할 때 즐거운가를 아는 것, 그리고 그것을 통해 이후 대학 등 진학 경로와 어떤 직업을 가질 것인가에 대해 윤곽을 잡아나가는 과정이 매우 중요하다.

공부라는 측면에서도 공부 방법보다 공부에 대한 필요성을 깨치고 그것을 통해 공부에 집중할 수 있는 동기와 목적의식을 갖는 것이 중요하다고 하겠다.

중학교 2학년을 넘어서면 부모들이 간섭하기 어렵다. 섣부른 간섭은 역효과를 부를 뿐이다. 이 경우 공부하라는, 또는 게임을 그만하라는 직접적인 간섭보다는 그것이 무엇이 되었든 학생이 갖는 취미나 분야를 지원해주거나 말이 통할 만한 형이나 누나, 삼촌이나 이모를 소개해주는 것이 좋다.

승진이를 처음 본 것은 중학교 2학년 때였다. 현재 승진이는 고등학교 1학년이다. 우리는 그동안 승진이가 영어, 수학의 끈을 놓지 않게 하려고 노력했다. 그러나 모두 허사였다.

그런데 우연히 시작한 사회 시사 토론 모임을 통해 승진이의 다른 면모를 보게 되었다. 승진이는 한 차례도 빠짐없이 모임에 참석했을 뿐만 아니라 발제를 하거나 자료를 준비하는 등 기대하지 않았던 의욕을 보였다.

우리가 발견한 것은 첫째, 승진이가 게임 같은 분야보다는 사회 역사라는 새로운 부문에 취미를 갖고 있다는 점. 둘째, 사회 역사 공부를 매개로 대학이나 미래에 대한 보다 구체적인 전망을 그리고 있다는 점 등이었다.

🌿 학생에 따라서 영어·수학을 무조건 강조하기보다는 다양하고 우회적인 접근 방식을 택하는 것이 좋을 수 있다. 그냥 학생이 좋아하는 것을 더 많이 하게 하는 것도 하나의 방법이다. 이것이 주는 강점은 게임이나 무기력한 상태에 빠져들지 않고, 미래에 대해 구체적인 생각을 하는 데 도움이 될 수 있다는 것이다.

뇌는 좋아하는 일을 할 때
가장 활성화된다

중학교 1학년인 지훈이는 수학을 잘하는 아이다. 수학 시험을 보면 항상 100점이다. 그러나 지훈이는 수학을 싫어한다. 수학 시간만 되면 엎드려서 아예 잠을 청한다.

반면 같은 학년 준수는 수학을 좋아하는 아이다. 수학 시간에 대답도 가장 잘하고 문제도 잘 풀어낸다. 그러나 준수의 수학 점수는 80점대다. 수학을 좋아하는 준수의 태도에 비하면 학교 시험 점수는 낮은 편이다.

흔히 공부를 좋아하는 것과 공부를 잘하는 것이 같다고들 생각한다. 그러나 학교 공부를 기준으로 할 때 공부를 잘한다고 공부를 다 좋아하는 것은 아니다.

오히려 공부 잘하는 아이 중에 공부라면 치를 떠는 아이들이 많다. 성적 비관으로 자살하는 청소년들 이야기가 심심치 않게 뉴스를 장식하고 있고, 성적 비관으로 자살을 고민하는 아이들 대부분이 소위 공부 잘하는 아이라는 것은 의미심장한 일이다.

이와는 반대로 성적은 별로인데 공부를 좋아하는 아이들이 있다. 이런 아이들은 공부를 통해 새로운 것을 배우는 것을 좋아하지만 시험을 위해 하고 싶지 않은 공부를 억지로 하지는 않는다.

지훈이와 준수도 비슷한 경우다. 수학 시간만 되면 잠을 자는 지훈이는 수학을 싫어하지만 좋은 점수를 받기 위해 문제집을 서너 권씩 푼다. 예습용 문제집, 복습용 문제집, 시험 대비용 문제집……. 학교 시험과 관련한 모든 유형의 문제를 수십 번씩 풀다 보니 지훈이는 문제 풀이 기계처럼 시험지를 푼다. 당연히 시험 점수는 높다. 그러나 지훈이에게 수학은 단순 반복 노동과 같다.

반면 준수는 수업 시간에 배우는 수학 내용이 재미있다. 새롭게 배우는 개념도 재미있고 수업 시간에 교과서 문제를 푸는 맛도 제법 있다. 준수는 시험 때 교과서 문제를 한 번 정도 풀어보는 것 외에 수학 문제집을 따로 풀지 않는다. 그렇다 보니 수학 점수는 생각보다 높지 않다. 오죽하면 선생님이 수업 시간에 하는 것만큼만 시험 보라는 조언을 할 정도다.

당장의 결과로 보면 지훈이가 준수보다 훨씬 성취도가 높다. 수학에 대해 치를 떨어도 일단 점수는 100점을 받으니……. 그러나 길게 봐도 그럴까?

지훈이와 같은 아이들은 대부분 수준이 높아지면 점수가 떨어진다. 수많은 유형의 문제를 거의 암기하다시피 기계적으로 푸는 습관이 들어 수학 문제를 대할 때 생각하는 힘이 현저히 떨어진다. 학년이 높아지고 유형이 다양해지고 범위가 누적되다 보면 더 이상 유형을 외워서 기계적으로 푸는 것의 한계에 봉착하게 된다.

반면 준수의 경우 당장의 성취도는 낮아도 학년이 높아져 공부의 필요성을 스스로 느끼게 되면 성적이 급속도로 오를 수 있는 자질이 갖춰져 있다고 볼 수 있다. 아직은 학년이 어려 성적에 대한 욕심이 없어 그저 재미있으면 그만이라고 생각하는 것일 수도 있지만, 뚜렷한 목적의식이 생기고 성적 향상의 필요성을 절감하는 시기가 되면 공부하는 재미를 알고 있으므로 금세 성적이 향상된다.

학원에서 상담을 하다 보면 대부분의 부모가 공부 좋아하는 아이보다는 공부 잘하는 아이를 선호한다. "우리 아이 성적 좀 올려주세요"라고 부탁하지, "우리 아이가 공부를 좋아하게 해주세요"라고 부탁하는 경우는 거의 없다. 아이들이 공부를 싫어하는 것은 당연하니 무슨 수를 써서라도 아이 성적만 올렸으면 좋겠다는 것이 부모들의 핵심 메시지다.

그러나 지금 당장 성적이 오르는 것은 중요하지 않다. 아이의 뇌는 좋아하는 것을 할 때 가장 활성화된다. 부모 욕심에는 억지로라도 아이를 책상 앞에 끌어다 앉혀놓고 한 문제라도 더 풀리고 싶겠지만, 그렇게 할 경우 억지로 풀어내는 한두 문제보다 공부를 싫어하게 되는 역효과가 훨씬 크다. 특히, 아이의 사고력이 가장 중요한 수학 과목에 있어서는 공부를 싫어하게 된다면 백약이 무효다.

실제로 아이들과 수업 하다 보면 같은 아이가 어떤 날은 일차함수의 그래프와 식을 그림처럼 풀어낼 때가 있고, 어떤 날은 기본적인 방정식도 모르겠다고 하는 날이 있다. 가르치는 사람 입장에서는 미칠 노릇이다. 분명 전날까지만 해도 난이도가 훨씬 높은 문제도 잘 풀던 아이가 갑자기 기본적인 덧셈도 못 하니 난감하기 이를 데 없다.

이런 경우 100이면 100, 공부하고 싶은 아이의 마음이 두뇌 활동에 영향을 미친 경우다. 공부를 해야겠다고 마음먹은 날은 어려운 문제도 풀 수 있는 힘이 생기지만, 억지로 공부하겠다고 학원에 온 날은 그야말로 1+1도 생각이 나지 않는 것이다.

그렇다면 언제 아이가 공부를 하고 싶다고 하겠느냐고 반문할 것이다. 가슴에 손을 얹고 생각해보라. 아이가 스스로 공부하고 싶다고 말할 때까지 기다려본 적이 단 한 번이라도 있는지를……

처음 말을 배울 때 아이들은 아무 말이나 열심히 한다. 세상의 모든 것을 궁금해한다. 처음 글씨를 배울 때 아이들은 눈에 보이는 모든 글자를 궁금해한다. 정말 차고 넘칠 정도의 학습 의욕이다. 이 시기 아이 가운데 새로운 것을 배우는 것을 질려하고 싫어하는 아이는 한 명도 없다. 모든 아이들이 학습 의욕이 충만해 이것저것 질문을 해댄다.

이렇게 공부를 좋아하고 학습 욕구가 가득하던 아이가 왜 공부를 싫어하게 되는 것일까?

답은 어른들에게 있다.

아이들의 순수한 호기심, 새로운 것을 알고자 하는 욕구에 점수를 매기고, 등수를 매기기 시작한 것은 어른들이 아닌가? 세상에 대해 알고자 하는 아이들의 지적 욕구를 교과서 안으로 묶어두려 하는 것 역시 어른들이 아닌가?

🌿 아이를 바라보는 시각을 바꾸자. '우리 아이가 공부를 얼마나 잘하느냐'를 최우선의 가치로 놓는 것이 아니라, '우리 아이가 공부를 얼마나 좋아하느냐'를 최우선의 가치로 놓아야 한다.

수학 문제를 얼마나 빨리, 정확하게 풀어내는가가 중요한 것이 아니라, 수학이라는 학문에 얼마나 관심을 가지고 알고 싶어 하는가가 아이를 판단하는 중요한 잣대가 되어야 한다.

당장은 문제를 많이, 빠르게 푸는 것이 중요해 보일지 몰라도 길게 본다면 한 문제라도 호기심을 가지고 재미있게 푸는 아이가 수학 학습에서 진정한 승자가 될 것이기 때문이다.

학교가 낡았다면
학교를 바꿔라

중학교 2학년인 민규는 학교가 재미있다. 학교가 재미있는 이유는 친구들 때문이다. 친구들과 쉬는 시간마다 노는 것도 재미있고, 체육대회 때 함께 뛰거나 체험 활동을 함께 가는 것도 너무 좋다.

다만 수업 시간은 재미가 없다. 민규는 학교 끝나고 학원에 가서 진짜 공부를 한다. 민규는 학교와 학원에서 이중으로 공부하는 것이 싫다. 그냥 학교에서는 친구들과 놀고 공부는 학원에서만 하면 좋겠다고 생각한다.

학교에서 공부를 한다고 생각하는 학생, 학부모들이 거의 없다. 공부는 으레 학원에서 하는 것이라고 생각한다. 다수의 학생들이 학교는 그저 대학에 가기 위한 통과의례처럼 생각한다. 무엇이 문제일까?

학교의 결정적인 문제점은 학교라는 시스템이다. 학교라는 이름을 달고 있는 한 갖춰야 할 기본 형식들이 많다. 수학 교과는 규정된 절차에 따라 차근차근 진행해야 하고 공부를 잘하는 학생이든 못하는 학생이든 한교실에서 가르쳐야 한다. 영어, 수학 이외에 기술·가정, 사회, 과학 등도 적절한 시간만큼 가르쳐야 한다.

학교라는 시스템이 갖는 이와 같은 특징은 한국의 학교 수학을 벼

랑으로 몰았다. 학생들이 학교에서 공부하지 않는다고 생각하는 일차적이고 결정적인 이유는 이것 때문이다.

수학 실력은 천차만별이다. 잘하는 학생과 그렇지 않은 학생 사이의 실력 차이는 매우 크다. 이들을 한교실에 몰아넣고 가르치는 것 자체가 난센스다. 경험에 따르면 학생들의 실력은 학년 간 차이보다 수학적 자질의 차이가 크다. 미분을 예로 들면 같은 고등학교 1학년생이라고 하더라도 중위권과 상위권의 차이는 매우 크다. 그런데 학년이 다르더라도 가령 고등학교 1학년과 고등학교 2학년 상위권을 모아놓으면 실력 차이는 별로 나지 않는다.

학교 수학의 또 다른 문제점은 강의식 수업이라는 점이다. 한 반에 30여 명을 몰아넣고 수업을 한다. 당연히 일대일 첨삭 지도 따위는 엄두를 낼 수 없다. 교사는 정해진 진도에 따라 학생들이 알든 모르든 묵묵히 진도를 나갈 수밖에 없다.

이런 수업은 하위권 학생들에게 치명적인 결과를 낳는다. 수학은 머리로 이해하는 것이 아니라 손으로 익혀야 한다. 특히 연산을 유난히 강조하는 한국의 학교 수학은 더 말할 필요도 없다. 그런데 강의식 수업으로 중·고등 학교 6년을 보낸 학생들은 기초적인 계산을 제대로 하지 못한다.

고등학생 중 $1+\dfrac{1}{2}$을 계산하지 못하는 학생이 적지 않다. $1+\dfrac{1}{2}$은 계산할 줄 아는데 이를 적당히 응용해놓은 $a+\dfrac{1}{2}a$는 계산하지 못한다. 물론 양자 사이에는 일정한 비약이 있다. 그러나 본질적으로 같은 계산이다. 전자를 할 줄 아는 학생이 후자를 하기 위해서는 적절한 순간에 옆에 앉아 양자의 차이를 친절하게 설명해주는 교사나 친구가 있어야 한다. 그런데 그 오랜 시간 수학을 공부하면서 학생들 대부분이 그런 기회를 제대로 갖지 못한다.

그런 경험을 갖지 못한 채 시간을 보내면 1년을 배우든 3년을 배우든 그 수준에 머물 수밖에 없다. 이런 경험이 쌓이면 고등학교 3학년이 되어도 마찬가지다. 고등학교 3학년이 되어 기초 연산을 바로잡아야 하는 학생이 셀 수 없이 많다. 그만큼 한국의 학교 수학은 강의식 수업이라는 제한에 묶여 시간을 허비하고 있는 것이다.

사람들은 공교육의 이런 한계를 주로 교육 방법의 문제로만 본다. 그러나 더욱 결정적인 문제는 교과 그 자체이고 이를 무조건 따라야 하는 시스템이다.

사람들은 교과 구성이 나름의 한계는 있지만 학생의 지적 발전에 맞게 최선의 내용으로 구성되어 있으며, 과열 사교육과 한계를 가진 학교가 최선으로 설계된 교과 내용을 훼손하고 있다고 믿는다. 과연 그럴까?

기술·가정이라는 교과가 있는 이유는 기술·가정 교사를 해고할 수 없기 때문이다. 사회 교과가 사회문화, 법과 정치, 윤리와 사상 등으로 세분된 이유는 해당 교과의 교수, 교사들의 이해관계 때문이다. 이 파워 게임에서 학부모들은 공교육 신화에 묶여 제대로 발언하지 않고 학생들의 사정은 대부분 무시된다. 따라서 교과는 힘이 센 사람들의 입

맛에 맞게 구성되고 학생들은 그렇게 서열화된 위계질서의 최일선에서 누군가 설계해놓은 교과 내용을 따라가고 있을 뿐이다. 정도의 차이는 있지만 수학도 마찬가지다.

학교의 결정적인 또 다른 문제점은 보신주의(?)다. 학교의 특성상 학교는 누구나 공감할 만한 내용을 담아야 한다. 덕분에 최신의 연구 성과나 논쟁적인 주제를 담기보다는 누구나 공감할 만한, 그래서 지루한 내용을 담을 수밖에 없다. 이것은 첨단 정보화 시대와 근본적으로 부딪힌다.

인류 대부분이 농업에 종사하던 과거, 시간은 나이가 많은 사람에서 나이가 적은 사람으로 흘렀다. 농사든 어업이든 경험이 많은 사람이 청소년에게 수십 년, 수백 년 이어져 온 전통 경험과 기술을 전수했다. 그 시기 모든 사람은 같은 시대 안에서 살았다.

산업혁명이 시작되면서 시간의 흐름이 빨라지기 시작했다. 이제는 한 시대 안에 여러 시대가 공존한다. 여전히 전통 미덕이 존재하는 농촌도 있다. 그들은 운송 수단으로 말이나 달구지 따위를 연상할 것이다. 그러나 도시에는 자동차가 출현했고 증기기관차가 다닌다.

학교는 산업화 시대의 산물이다. 산업혁명으로 급변했던 시대에, 전통 시대에 머물러 있던 사람을 새로운 시대에 통합하는 역할을 했다. 글을 모르는 사람에게 글을 가르치고 위생과 국가의 관념을 가르쳐 국민으로 통합시키는 역할을 한 것이다.

현재는 어떨까?

부모 세대만 해도 나이가 들면서 유선전화-삐삐-핸드폰-스마트폰으로 이어지는 일련의 과정을 하나하나 적응해가며 살았다. 그들은 시간이 지남에 따라 나름 그런 과정을 몸으로 감당해가며 나이를 먹었다. 유선전화를 쓰던 1970년대 대부분의 사람들은 당시에 스마트폰이라는 것을 상상도 못 했을 것이다.

그런데 지금 아이들은 태어나서 제 몸을 가눌 때쯤이면 첨단 문명에 그대로 노출된다. 지금 아이들에게는 그것이 일련의 과정을 거쳐 발전해가는 과정의 산물이 아니라 태어날 때부터 그냥 자신을 둘러싼 일종의 생활환경이다.

아이들은 날마다 최신 자료로 업데이트되는 첨단 시대에서 자란다. 검색만 하면 최첨단 지식이 나오고 그 최첨단 지식은 3D 그래픽을 통해 실물적이고 직관적으로 상황을 설명하고 전달한다. 이런 맥락에서도 학교라는 시스템은 낡았다.

교과서를 예로 들어보자.

교과서는 누군가 책을 집필하고 누군가 그것을 검증하고 그것을 인쇄하는 순간까지 많은 시간이 걸린다. 그 시간 동안에도 세상은 계속 변화한다.

교과서와 현실 사이의 극적인 괴리가 노출된 것이 2014학년도 세계지리에서 유럽연합(EU)과 북미자유무역협정(NAFTA)의 경제 규모를 비교하는 문제였다. 여기서 노출된 문제는 출제하는 과정에서의 실수가 아니라 책으로 편제된 교과서의 본질적 문제점을 암시한다.

세계지리 8번 문제의 선악, 호오를 논하는 것 자체가 무의미한 것일 수 있다. 이미 현실은 유럽연합과 북미자유무역협정이라는 문제 설정 자체가 무의미한 상황으로 발전하고 있기 때문이다. 지금이라면 각각 미국 주도의 금융 시스템과 중국 주도의 금융 시스템을 상징하는 아시아개발은행(ADB)과 아시아인프라스트럭처투자은행(AIIB)이 논쟁의 중심이 되어야 한다.

학교가 갖는 문제점이 총체적으로 집약되어 있는 곳이 아마 일반고일 것이다.

초·중 학생도 공부는 학교가 아니라 사교육이 담당한다고 생각한다. 그런데 학생들과 상담해보면 초·중 학생들의 경우 예상보다 학교다니는 것을 좋아한다. 좋아하는 이유는 공부가 아니라 친구 관계나 체육 등 뛰어노는 활동 때문이다. 혁신 학교가 초등학교에서 큰 호응을 얻는 이유도 그러한 사정 때문이다.

하지만 고등학생이 되면 상황이 달라진다. 고등학생이 되면 어른들이 마련해준 학교라는 울타리에서 친구를 만나는 것이 아니라 자신들만의 독자적인 경로를 따라 인간관계를 만든다. 친구 관계만 놓고 보면 굳이 고등학교에 다닐 이유가 없는 것이다.

일반고는 공부 기능을 거의 상실했다. 상위 몇 명의 학생들만을 가르치고 나머지 대다수 학생들은 가르칠 의지도 이유도 없다. 심지어는 기본적인 진학 상담조차 제대로 이뤄지지 않는다. 수학의 경우 그냥 습관적으로 진도를 나가고 시험을 치르고 있는 형국이다. 그것이 대학 진학에 구체적으로 어떤 영향을 미치고 어떤 결과를 가져올 것인가에 대한 평가는 없다.

학교의 무관심 속에서 학생들은 다양한 사회 활동을 하거나 학원을 다닌다. 일반 학교에서 학생부 종합 전형 등을 염두에 두고 이뤄지는 사회 활동은 진학에 영향을 줄 수 있는 수준이 아니다. 그냥 요식행위다. 학원에서도 그들을 가르치는 것이 그들의 목표(좋은 대학에 진학하는 것)에 상응하는 결과를 가져올 것으로 보지 않는다. 그들이 없으면 학원이 운영되지 않기 때문에 모르는 척하고 받는 것이다.

수학의 경우에는 더욱 심하다. 대다수 학생들이 수학을 통해 자신들의 목적을 이룰 수 없다. 심지어는 입시 전형에 수학이 포함되지 않거나 수학을 배워야 할 이유가 없는 학생들이 태반이다. 이들이 적지 않은 돈을 들여 수학을 배우는 이유는 그저 습관이거나 부정확한 정보의 산물이다. 낡은 유령이 현실을 짓누르고 있는 것이다.

일반고는 그렇게 학생들을 단순 수용하고 있다. 고등학교에서는 초·중 학교가 담당했던 친구 관계 형성이라는 순기능도 사라진다. 일반고의 이런 상태는 그냥 놔둘 수 있는 문제가 아니다. 현 상황은 학생들이 직면할 미래 현실을 고려하면 매우 심각한 문제를 일으킬 것이다. 향후 정세는 극심한 장기 불황, 과학기술 발전에 따른 직업의 분화 등 심대한 변화를 예고한다.

이런 상태에서 매달 수십만 원의 돈을 내고 막연히 학원을 다니고, 명확한 목적의식 없이 수천만 원의 돈과 4년 이상의 시간을 들여 중·

하위권 대학에 가는 것은 매우 위험한 선택이다. 부모들은 그들의 노후를 희생하고 학생들은 만만치 않은 비용과 시간을 잃을 수 있다.

당장 눈에 띄지 않는다고 문제가 없는 것이 아니다. 현재 상태를 그냥 방관하는 것이 아니라, 상황을 악화시키는 것이 무엇이 되었든 변화를 모색하는 것이 올바르다. 그리고 그 변화는 학교를 절대화하는 기존 관념에서 벗어나는 정도만큼 달라질 것이다.

대부분의 학생과 학부모들이 학교에 문제가 있다고 생각하면서도 학교를 바꾸려는 노력을 하지 않는다. 그러나 학교는 학부모들의 사회적 압력에 매우 민감하다. 우스갯소리로 어느 지역 교사가 다른 지역으로 옮기면 시험문제의 수준, 진학 지도에 대한 자세 등 교사의 자질이 3개월 만에 바뀐다는 이야기도 있다. 사회적 압력의 강도가 다르기 때문이다.

학교가 갖는 문제점과 한계는 생각보다 크다. 그러나 조그만 개입이 생각보다 많은 변화를 일으킬 수 있다. 학교에 대해 불만이 있다면 보다 적극적으로 개입해야 한다.

시대를 이해하는 힘을 가져라

중학교 3학년인 지은이는 수학보다는 인문학에 관심이 많은 여학생이다. 수학 공부는 하고 싶지 않지만 그렇다고 수학을 포기하기에는 불안하다. 대학도 대학이지만 앞으로는 인문학보다는 수학, 과학이 훨씬 중요하다고들 하기 때문이다. 지은이는 수학도 인문학처럼 배울 수 있으면 좋겠다고 늘 생각한다.

한국의 수학교육은 문제 풀이를 중심으로 구성되어 있다. 문제 풀이를 잘하기 위해서는 기본적인 연산력도 좋아야 하고, 다양한 문제를 많이 풀어 유형별 문제에 잘 대처할 수 있어야 한다. 또 시간 안에 문제를 풀어야 하기 때문에 빠르고 정확한 연산 능력이 중요하다.

지은이와 같이 생각이 많고 한 가지 문제를 가지고 수많은 스토리를 만들어내기 좋아하는 아이에게 한국의 수학교육은 재미없고 딱딱한 과목이 될 수밖에 없다.

이런 아이들은 수학적 원리나 연산보다 수학의 사회적 맥락을 공부하는 것이 좋다.

수학의 사회적 맥락을 이해하게 되면 추상적인 수학을 훨씬 실감 있게 받아들인다. 특히 수학의 존재 의미에 대해 부정적인 생각을 갖고 있는 학생이나 문과형 학생들에게 매우 유익하다. 가능하다면 불필요한 연산 수학 대신 이런 내용을 많이 담는 것이 어떨까 싶다. 몇 가지 예를 들어보자.

피타고라스는 만물의 근원을 수라고 했다. 피타고라스는 세상을 범접할 수 없는 신의 계시 따위로 설명하는 전통 시대에서 자연현상을 합리적으로 이해하려는 인류 문명의 새로운 사조와 연관된다. 피타고라스가 했던 고민은 동시대를 살았던 페르시아의 조로아스터, 동양의 공자나 노자, 부처 등과 동일한 시대상을 담고 있다.

피타고라스는 단순히 이집트의 실용 수학을 그리스에 소개한 인물이 아니라 비슷한 시기 전 세계에서 태동했던 이성과 합리성, 인본주의와 연관 지어 설명하는 것이 옳다. 전자처럼 수학을 인류 역사와 분리해서 수학사라는 좁은 맥락에서 가르치는 것이 아니라, 후자처럼 인류 문명사의 견지에서 가르치는 것이 피타고라스의 진면목을 올바로 보여주는 것이다. 그리고 이런 과정이 학생들에게 수학이 그저 논리적이고 실용적인 학문이 아니라 인류 역사와 밀접히 연관된 사회·역사적 사유 체계임을 알게 하는 과정이다.

피타고라스가 만물의 근원을 수라고 생각한 것은 대장간에서 달궈진 철을 내리치는 과정을 관찰한 결과였다. 대장간에서 달궈진 철을 내리칠 때 어떤 때는 맑은 소리가 나고 다른 때는 탁한 소리가 났는데, 피타고라스가 이를 관찰한 결과 철의 길이가 자연수 대 자연수의 비율일 때 맑은 소리가 났다는 것이다. 그래서 피타고라스는 만물의 근원을 수, 그것도 자연수 대 자연수의 비율이라고 생각했다는 것이다.

그런데 정작 피타고라스 정리에서는 무수한 무리수가 등장한다. 무리수는 자연수 대 자연수의 비율로 나타낼 수 없는 수다. 피타고라스의 제자 중 히파수스가 이 사실을 확인하고 피타고라스학파 내에서 대논쟁이 벌어진다. 결국 이로 인해 히파수스가 바다에 빠져 살해되었다는 설이 전해진다.

피타고라스를 둘러싼 일련의 이야기는 마치 삼국지를 보는 것만큼이나 재미있다. 학생들은 어떻게 수학 문제가 사람을 죽이는 논쟁으로 비화되었는지 신기해한다. 여기에도 수학은 사람의 생사나 운명과는 관계없는 순수 학문이라는 편견이 숨어 있다.

유클리드기하학이 데카르트가 도입한 좌표계와 결합하면서 혁명적으로 발전하기 시작한 과정 그리고 비유클리드기하학의 출현 과정 그리고 무한등비급수(프랙털기하학)의 출현 의의 등 기하학에도 무수한 이야기가 존재한다.

그리고 그 하나하나의 과정에서 인류의 역사와 함께 명멸했던 수학의 역사적 의의를 살펴볼 수 있다. 그러나 불행히도 학교 수학은 이런 일련의 과정을 모두 생략하고 추상적인 기호와 논리적 사고 과정으로 수학 공부의 의미를 제한해버렸다.

지수와 로그 또한 비슷하다.

지수와 로그는 극미·극대의 세계, 또는 엄청나게 빠른 변화의 세계를 다루는 수학적 도구다.

나노과학으로 유명한 1나노미터는 10억분의 1미터다. 10억분의 1을 숫자로 나타내면 $\frac{1}{1000000000}$이다. 이를 간략히 $\frac{1}{10^{-9}}$로 쓸 수 있고 다시 10^{-9}로 더 간략히 쓸 수 있다. 1광년은 9.46×10^{12}킬로미터다. 그런데 우리 은하의 크기가 대략 10만 광년이다. 1광년의 거리도 실감이 되지 않는데 우리 은하의 크기는 여기에 0 다섯 개를 더 붙여야 한다. 20분에 한 번 분열하는 대장균은 하루가 지나면 2^{72}이 된다. '하노이의 탑'으로 유명한 2^{64}이 18,446,744,073,709,551,615(약 1845경)이니 2^{72}이 얼마나 큰 수인지 가늠조차 하기 어렵다.

지수와 로그를 계산하지 말고 그것이 담고 있는 크기와 속도를 음미해보자. 그저 밤하늘을 올려다보고 산 정상에 올라 산 아래 정경을 내려다보듯 말이다. 일상에서 접했던 세계와는 전혀 다른 세계, 지수와 로그가 보여주는 거대하고 빠른 세계를 느낄 수 있을 것이다. 이것이 철학이 아니라면 무엇이 철학인가?

지수와 로그가 갖는 사회·역사적 의미는 인류가 자연수처럼 사물을 개체 단위로 하나하나씩 세던 과정에서 이제까지는 감각할 수 없었던 극대·극미의 세계, 역동적이고 빠른 변화를 이해하기 시작했음을 보여주는 역사적인 사건이다. 그것은 우리가 조만간 원자·분자 수준의 물질을 제어하고 우주를 정복하게 될 것임을 보여주는 상징인 것이다.

수학교육의 목표가 단순히 수능에서 높은 점수를 얻기 위한 것이라면 수학의 역사적 의미, 철학적 의미 따위는 배울 필요가 없을지도 모른다. 그러나 수학교육의 목표가 아이들이 다양한 방법으로 수학의 세계를 이해하고 수학을 통해 시대를 이해하는 힘을 갖게 하는 것이라고 한다면 단순한 문제 풀이보다 더 중요한 것은 앞에 서술한 것과 같은 수학과 철학에 관한 내용일 수 있다.

🌿 수학 문제 풀이를 끔찍하게 싫어하는 학생이 있다면 반드시 문제 풀이식 수학을 강요할 필요는 없다. 수학에 대한 다양한 접근법을 통해 수학 그 자체를 사랑하게 만드는 것, 그것이 가장 중요한 수학교육의 목표다.

새로운 수맹의 시대

학부모들이 수학에 갖고 있는 부담스러운 정서는 그들의 독특한 역사적 경험과 관련이 있다.

학부모 세대들이 청소년기를 보냈던 1970~1990년대는 구구단과 같은 '수맹'을 일거에 퇴치한 반면 과도한 연산 위주의 수학으로 수학에 대한 흥미를 갖지 못했던 시대다. 단시간에 수맹이 사라졌기 때문에 그들은 수맹 또는 문맹의 고통을 잘 느끼지 못한다. 산업화된 시대에 문맹과 수맹은 생각보다 커다란 고통이다. 서류 하나 작성하려 해도 자기 손으로 자기 이름이나 주소 정도는 쓸 수 있어야 한다. 그런데 당시 청년 세대였던 지금의 학부모들은 대다수의 성인들이 문맹이 아니라는 전제하에 설계된 사회구조에 살았기 때문에 수맹과 문맹의 고통이 크지 않았다. 그러나 이 과정에서 소외되었던 고령 세대의 고통은 컸다. 그렇기에 지금도 뒤늦게 우리말과 글을 배우려는 만학도가 있는 것이다.

같은 맥락에서 향후 언젠가는 수학적 기본 소양에 기초하여 코딩(소프트웨어)을 하지 못하면 일상생활을 영위할 수 없는 시대가 도래할 것이다. 사회구조가 전반적으로 그런 식으로 재편된다면 수학을 모르는 것이 자기 이름을 쓰지 못하는 것만큼이나 불편한 일이 될 수 있다.

요약하자면 세상은 점차 수학을 베이스로 한 사회 시스템으로 발전하고 있다. 따라서 수학을 배우는 이유는 주민센터에 들러 자기 이름을 쓸 줄 아는 것이나 인터넷 검색을 통해 자기가 해야 할 일을 하는 것만큼이나 기초적인 문제가 된다.

한편 수학에 대해 느끼는 부담스러움은 1970~1990년대 학교 수학이 매우 거칠고 소모적이었기 때문이다. 단순 연산을 반복하는 수학교육에 매력을 느끼지 못하는 것은 당연하다. 물론 지금도 그런 잔재와 시스템이 온존한다. 빠른 시간 안에 이를 극복하도록 노력해야 한다. 그러나 수학이라는 학문 자체는 매우 매력적이고 재미있는 학문이다. 그것은 마치 음악을, 그것의 실용성을 떠나 즐기는 것과 마찬가지다. 지식에 대한 욕구는 인간의 기본 심성의 하나이고 문명을 발전시켜온 가장 강력한 동력이다. 그리고 지식에 대한 욕구의 처음에 수학이 있었다. 수학은 근대 세계 산업화 시대에 맞춰 발흥한 실용적이고 현대적인 학문이 아니라, 먼 옛날 인류가 세상에 대해 고민하던 첫 무렵부터 시작된 유서 깊은 학문이다. 그것은 철학·종교 등과 동급의 서열을 갖추고 있는 학문 분야이고, 철학이나 종교와 달리 현대 세계에서 더욱 강조되고 있는 지식 분야다. 따라서 수학은 지식과 교양의 첫자리 어디쯤에 위치한다.

수학을, 입시에 필요하기 때문에 어쩔 수 없이 배워야 하는 필요악처럼 생각하지 말기 바란다. 그런 태도로는 수학을 오래 할 수 없다. 누구나 그런 것처럼 수학을 해야 하는 이유를 알고 수학을 좋아하는 것만큼 좋은 것은 없다. 조금 가벼운 마음으로 수학을 즐길 수 있었으면 한다.

세상이 변화하는 속도에 맞춰라

중학교 2학년인 기철이는 학교에서 배우는 수학이 재미없다. 연립방정식, 연립부등식 원리는 지루할 정도로 쉬운데 심화 문제로 나오는 문장제 문제는 어이없을 정도로 복잡하다. 오히려 학원에서 배우는 고등학교 과정인 지수, 로그나 수열이 훨씬 재미있다. 유리식의 연산보다 계산도 훨씬 간단하고, 원리만 알면 불필요하게 꼬아놓은 유형 문제 때문에 골머리 썩을 일도 없다.

선행 학습이 나쁘다고 한다. 심지어는 법까지 제정되었다. 과연 그럴까? 선행의 대안으로 제시되는 것이 심화다. 그렇다면 선행과 심화 중 어느 쪽이 좋을까?

선행 학습이 나쁘다는 인식에는 현행 교과가 아이들 발달 과정에 최적화되어 설계되어 있다는 전제가 깔려 있다. 즉, 현재 아이들이 학교 교과에서 배우는 내용이 아이들의 지적 발달 과정에 적합하므로 이를 앞서가는 것은 아이들에게 과도한 학습 스트레스를 줄 수 있다는 것이다.

얼마 전 제주 국제학교 중 하나인 NLCS(North London Collegiate School)에 방문한 적이 있다. 국제학교 설립이 옳으냐 그르냐의 가치판단은 차치하고 우리는 이 학교의 교과과정을 살펴보고 놀라운 사실을 발견했다. NLCS의 중등 과정인 IGCSE(International General Certificate of Secondary Education) 수학 교과과정이 우리 학원의 수학 교과과정과 매우 흡사하게 구성되어 있다는 사실이었다.

우리 학원에서는 중·고등 학교 6년 수학 교과과정을 통합, 재구성해 가르친다. 이를테면 지수의 경우, 현행 학교 교과처럼 나누어서 중학교 2학년 과정에서는 0과 자연수 지수만 가르치고 고등학교 과정에서 음수 지수와 분수 지수까지 확장해서 가르치지 않는다. 한꺼번에 양수 지수, 음수 지수, 분수 지수까지 통합적으로 가르친다. 또한 함수의 경우, 현행 학교 교과에서는 중학교 1학년 때 원점을 지나는 일차함수와 기본적인 분수함수, 중학교 2학년 때 일차함수의 이동, 중학교 3학년 때 이차함수, 고등학교 과정에서 무리함수, 유리함수, 지수함수, 로그함수, 삼각함수 등으로 나누어 가르친다. 반면 우리는 함수를 배울 때 함수의 기본 개념과 함수의 기본 개형을 한꺼번에 가르치고 함수의 이동을 가르친다. 연이어 미분과 적분을 함수와 함께 가르친다. IGCSE 수학 교과과정도 우리 학원과 같은 원리로 구성되어 있었다.

또 한 가지 중요한 공통점은 수학 수업을 시작할 때 수학의 역사적 의미와 철학적 개념 등을 먼저 가르친다는 점이었다.

수학에서 개념과 원리는 중요하다. 흔히들 학교 교과서나 참고서에 실려 있는 개념 설명을 개념과 원리라고 생각한다.

우리는 진정한 수학의 재미를 위해 학생들에게 다큐멘터리를 보여주거나 수학 교양서를 읽힌다.

예를 들면 〈EBS 다큐프라임 - 문명과 수학〉 5부작 같은 다큐멘터리나 EBSMATH 같은 콘텐츠들이다. 아니면 수학 교양서에서 필요한 부분을 발췌한다.

〈문명과 수학〉 1부는 아메스 파피루스의 문제를 풀어가며 기하학의 역사적 뿌리를 추적한다. 2부 그리스 편에서는 무리수를 둘러싼 역사적 논쟁을 소개한다. 시중에 판매된 초등학생 수학 도서 중에는 비유클리드기하학이 출현했던 원리와 논쟁을 소개하는 책도 있다. 학교 수학에서는 다루지도 않는 내용이다.

개념과 원리를 말하려면 이 정도는 되어야 한다. 수학이라는 학문이 인류와 함께 어떻게 발전했으며 그 과정에서 무슨 일이 있었는가를 소개하는 것, 그리고 그 속에서 수학과 인류의 관계를 탐구하는 것……. 이것이 수학을 수학답게 배우는 참의미일 것이다.

그렇다면 과연 선행 학습은 나쁜 것인가? 이것을 가를 결정적인 기준은 '선행과 심화'가 아니라 '현행 교과 내용이 잘 구성되어 있는가'다. 현행 교과 내용이 불필요한 지체를 하고 있다면 선행이 옳을 것이고, 현행 교과 내용이 학생들의 수준과 지적 발전 과정에 맞게 제대로 설계되어 있다면 선행은 과욕이라고 봐야 한다.

그렇다면 무엇이 옳은가?

요즘 학생들은 어려서부터 과학에 대한 감수성이 높은 것 같다. 당연하지 않은가? 〈인터스텔라〉를 천만 명이 넘게 봤다. 〈인터스텔라〉

를 선행과 심화의 잣대에서 보면 터무니없는 선행이다. 〈EBS 다큐프라임〉 중 화제를 모았던 다큐멘터리 중에는 〈문명과 수학〉, 〈빛의 물리학〉 등이 있다. 〈문명과 수학〉은 미적분은 물론 '푸앵카레의 추측'이나 '페르마의 정리'를 다룬다. 〈빛의 물리학〉은 아예 상대성이론과 양자역학이 메인 주제다.

이런 다큐멘터리를 중학생들에게 보여주는 것은 좋은가, 나쁜가? 당연히 좋다. 1970년대의 우리가 세종대왕이나 삼국지 등에 열광했다면 요즘 학생들은 과학에 대한 민감도가 훨씬 높다. 그들은 아인슈타인을 잘 알고 스티브 잡스에 대해 익숙하다. 이런 환경을 고려하면 〈문명과 수학〉이나 〈빛의 물리학〉 등을 보여주고 이에 대해 토론하고 가르치는 것은 학생들의 감수성과 지적 발달 수준과 잘 어울린다.

수학도 마찬가지다. 현행 교과가 아이들의 발달 과정에 최적화되어 있다는 편견을 버려야 한다. 세상이 발전하는 속도에 비하면 교과의 변화는 너무 느리다. 그러다 보니 교과 내용을 가지고는 변별력을 가를 수 없고 과도한 심화 학습으로 변별력을 가르려다 보니 수학은 점점 더 아이들과는 멀어지며 미궁 속으로 빠져들고 있는 셈이다.

국제 학교에 다니는 아이들과 우리나라 아이들의 지적 발달 정도가 크게 다를 리 없다. 그럼에도 전혀 다른 교과과정을 배우고 있다.

다른 점이 있다면 국제 학교 아이들은 중학교 과정이 끝나면 이후 진로를 정하고 그에 걸맞은 과목을 선택해 대학 수준의 교육을 받는 반면, 우리 아이들은 정해놓은 교과에 따라 선행 학습도 금지당한 채 중·

고등 학교 과정을 그저 가르쳐주는 대로만 배우고 있다는 점이다.

선행 학습의 대안으로 거론되는 심화 학습은 위험 부담이 크다. 아무리 꼬아놓는다 해도 인수분해는 그냥 인수분해다. 복잡한 인수분해를 푸는 과정에서 식을 조작하는 능력이 향상될 수는 있지만 인수분해에 담긴 시대를 넘어설 수는 없다. 그리스(유클리드)기하학을 아무리 공부한들 그냥 유클리드기하학일 뿐이다. 그것을 통해 사고의 깊이와 논리적인 엄밀성을 키울 수 있을지언정 유클리드기하를 넘어 발전시켰던 새로운 기하학과 같은 참신한 발상과 직관을 배울 수 없다.

정도를 뛰어넘는 과열 사교육이 문제는 문제다. 그런데 선행 학습을 제한하려면 교과 내용이 학생들의 처지와 실정에 맞게 제대로 구성되어 있고 이를 제대로 가르치고 평가할 수 있는 시스템이 구축되어 있는가가 전제되어야 한다.

누차 말했지만 학교 수학의 결정적인 문제점은 교과 자체다. 그리고 선행 학습을 제한하는 법률이 문제인 또 하나의 이유는 그것을 관철할 만한 교수 체계와 평가 방법이 없다는 점이다.

구구단을 가르치면서도 학생들의 수학적 상상력과 논리력을 확장시킬 수 있다. 그런데 현재 학교 교사의 수준과 시스템하에서는 만만치 않다. 선행 학습을 제한하려면 '선행학습금지법'의 취지에 맞게 구구단과 인수분해를 수준 높게 가르칠 수 있어야 한다. 구구단은커녕 3.14 곱셈을 암기해야 하는 교육이 만연한 조건에서 '선행학습금지법'의 취지에 걸맞게 수업이 진행될 리 만무하다.

선행 학습이 문제가 아니다. 아이들 개개인의 수준과 상황에 맞는 유연하고 창의적인 교과 활동이 전제되지 않는 한 '선행학습금지법'은 시대의 코미디로 전락할 것이 명확하다. 공교육 살리기가 교육의 최우선 과제가 되어서는 안 된다. 아이들을 어떻게 시대에 맞게 잘 가르칠 것인가가 교육의 최우선 과제가 되어야 한다. 지금은 무엇을 금지해야 하는 시대가 아니라 더 많은 방법과 사례를 열어놓고 교육의 새로운 길을 모색해야 하는 시대가 아닐까?

4장

중학교 3학년 겨울방학,
어떻게 보내야 하나?

고등학교 수학에 접근하는 방법

중학교 3학년에서 고등학교 1학년으로 올라가는 시기에는
대입까지의 경로를 제대로 알고 있는 교사의 지도가 매우
중요하다. 이 시기가 고등학교 이후 아이의 수준을 바꿀
수 있는 가장 중요한 시기이기 때문이다. 이 시기에는 고
등학교 1~3학년 과정 전체를 놓고 중요한 대목만 골라
집중적으로 공부해야 한다.

대학은 미래를 위한 징검다리

현 입시 제도하에서는 중학교 2~3학년 정도면 대체로 윤곽이 잡힌다. 경험이 풍부한 교사들은 대체로 학생의 내신 등급, 수능 성적 따위를 짐작할 수 있다. 중학교 2~3학년 정도가 되면 학생들의 성적을 냉정히 보고 진로를 결정하는 것이 좋다.

고입에 앞서 중요한 기로는 '특목고, 자사고, 일반고 중 어떤 고등학교에 진학할 것인가'다.

특목고, 자사고, 일반고는 각각 어떤 장단점을 지니고 있을까?

과학 고등학교(이하 과학고)·외국어 고등학교(이하 외고)는 사실상 고등학교가 아니다. 외고는 영어로 토론을 하거나 프로젝트 수업을 한다. 가령 상경 계열에 진학하려는 학생들에게는 그에 해당하는 주제를 정하고 논문을 쓰게 한다. 사실상 대학에서 하는 수업이다. 과학고는 더욱 그렇다. R&E(Research and Education)라고 하여 매우 높은 수준의 수업을 진행한다.

대학들은 특목고 출신을 선호한다. 그렇기 때문에 수능 최저라는 장치를 두어 일반고 학생들을 거르고 내신의 변별력을 낮춰 특목고 학생들에게 인센티브를 주고 있다.

가능하면 특목고를 보내는 것이 좋다. 현 상황에서는 특목고가 대학을 가는 데 절대적으로 유리할 뿐만 아니라 공부다운 공부를 가르치기 때문이다.

6-3-3의 현행 학제는 시대에 맞지 않는다. 예전에는 정보를 대부분 학교에서 얻어야 했지만, 지금은 개인적으로 접할 수 있는 정보가 넘쳐난다. 학생들은 어려서부터 엄청난 정보에 노출되어 있다. 그리고 학교 교과서를 뛰어넘는 각종 교양 도서나 매체가 넘쳐난다. 따라서 예전 고등학교 수준의 공부는 중학교 3학년 정도면 다 끝낼 수 있다. 그리고 지금의 학생들이 배워야 할 지식은 단순 암기형 공부가 아니라 혁신적이고 창의적인 발상이다.

이런 현실을 고려하면 과학고나 외고에서 제공하는 프로그램이 그나마 실정에 맞는다. 냉정하게 현실을 말한다면 외형은 6-3-3 제도가 유지되고 있지만, 실질적으로는 중학교를 졸업한 일부 학생들이 특목고에 진학하여 대학 수준의 공부를 한 뒤 좋은 대학에 입학하는 양상이다.

일반고는 되도록 피할 것을 권한다. 일반고는 공부 기풍이 무너져 있다. 학교나 학생들 모두 그렇다. 어찌어찌 흉내는 내지만 실제 대학에 진학하거나 제대로 된 공부를 하는 것과는 거리가 먼 듯하다.

공부를 잘하는 학생이나 그렇지 않은 학생이나 축제, 수학여행, 동아리 활동 등은 다 좋아한다. 일반고를 유지하는 동력은 공부보다는 10대 후반 청소년들의 정서적·생리적 공통점에 기초한 다양한 동아리 활동이다.

더욱 위험한 것은 일반고의 이런 풍토가 다양한 진학 경로, 가령 자기소개서, 학생부 종합 전형 등과 맞물려 이상한 방향으로 발전하고 있다는 점이다. 일반고 학생들도 자기소개서나 학생부 종합 전형을 위한 다양한 활동들을 한다. 학생들은 각종 봉사 활동이나 동아리 활동에 바쁘다. 그러나 그 수준은 시대착오적이거나 대학 진학과는 거리가 먼 요식행위에 가깝다. 오히려 학생들의 공부 시간을 빼앗는 어처구니없는 결과를 가져오기도 한다.

절제력과 자기 통제력이 아주 강한 학생들이 내신 위주의 전형을 겨냥해 일반고에 갈 수는 있겠다. 그러나 이런 예는 매우 희귀하고 예외적이다. "어떤 고등학교에 가는 순간 대학 진로가 바뀐다"는 것은 괜히 하는 말이 아니다.

중학교 3학년~고등학교 1학년 시기에는 학생의 실력을 냉정히 보고 구체적인 입시 전략을 짜야 한다. 그런데 너무 많은 학생들이 막연한 기대를 갖고 모든 것에 집중하다 때를 놓치는 경우가 많다.

입시 전략을 짠다는 건 어느 대학 무슨 과를 갈 것인가를 정하고 내신·수능·논술·학생부 종합 전형 등 해당 대학이 요구하는 바에 따라 역량을 집중하는 것을 말한다.

입시 전략을 짤 때는 무조건 고등학교 졸업하면 바로 대학에 가야 한다는 생각을 버리고 보다 넓게 생각하는 것이 어떨까 싶다. 진학과 진로는 적어도 10년 후를 예상하고 설계해야 하는데 향후가 매우 불투명하고 변화무쌍한 조건에서 고정된 전략을 갖는 것은 위험할 수 있기 때문이다.

고등학교 졸업 후에 무조건 대학에 가야 한다는 생각을 버리면 다음과 같이 다양한 경로와 가능성을 타진해볼 수 있다.

첫째, 대학 진학 시기를 유연하게 조정할 수 있다. 가령 대학 가서 졸업한 후 취업하는 순서가 아니라 먼저 사회생활을 한 후 대학에 진학할 수도 있는 것이다. 청년 실업이 극심한 상황이므로 실제로 사회에 나가는 시점은 빨라야 20대 중후반이다. 따라서 굳이 고등학교 졸업 직후 대학에 가야 할 이유가 별로 없다.

둘째, 고등교육의 경로를 다르게 조정할 수 있다. 향후 대학은 현재처럼 캠퍼스를 갖는 오프라인형 대학이 아니라 MOOC(Massive Open Online Course)에서 보듯 온라인, 사이버 대학 등이 활성화될 가능성이 매우 높다. 그리고 일하면서 공부하는 사람이 많아지고, 산학 협력 시스템이 지금보다 활성화될 것이다. 따라서 대학 졸업 후 취업이라는 단선적인 경로가 아니라 취업➔ 대학➔ 취업➔ 대학을 오가는 유연하고 탄력적인 방식을 고려할 필요가 있다.

셋째, 유학 등을 적극 고려할 수 있다. 국내 대학은 터무니없이 비싸다. 기본 등록금만 수천만 원인 데다 시간과 기회비용까지 합하면 1년에 1억 가까이 들 것이다. 장기 불황이 예고되는 상황에서 한 해에 1억 가까이 되는 돈을 들여서 갈 만한 국내 대학이 있는지 의심스럽다. 반면 잘만 찾으면 저렴한 비용으로 효과적인 진학을 할 수 있다.

다음 몇 가지 사례를 통해 이를 확인해보자.

_ 고등학교 2학년인 정원이는 성적이 6등급 선이었다. 정원이는 아동 복지 분야에 관심이 많아 대학 졸업 후 가족 상담사를 하고 싶어 했다. 그러나 정원이의 성적으로는 국내에서 갈 만한 대학이 거의 없었다. 우리는 가족이 해체되는 추세와 다문화 가족이 증가하는 사회적 추세를 고려해 다문화 가족 복지사를 추천했다. 특히, 베트남의 경우 최대 투자국이 한국이며 한국 다문화 가족의 26퍼센트가 베트남 이주 여성이라는 점을 고려해 자격증 취득과 더불어 베트남 관련 공부를 진행할 것을 권했다. 베트남 하노이국립대학의 경우 4년간 학비가 630달러 정도로 한국 대학에 비해 훨씬 저렴했다. 또한, 유학생의 경우 교과 성적을 반영하지 않고 자격시험을 치르지 않아도 되므로 유학의 문턱이 높지 않았다. 정원이처럼 성적은 낮지만 장래 희망이 뚜렷하고 목적의식이 강한 경우 유학을 고려해보는 것도 진로 지도의 유력한 대안이다.

_ 고등학교 2학년인 은지의 성적은 5등급이다. 은지는 성적은 낮지만 사회복지 지향이 뚜렷하고 그와 관련한 준비가 잘 되어 있었다. 노인 단체 봉사 활동을 꾸준히 하고 댄스 동아리 활동도 열심히 하고 있었다. 또한, 중국어 관련 자격증도 준비 중이었다. 성적은 낮지만 한 분야에서 열심히 미래를 준비하는 학생이었다.

우리는 은지에게 교과 성적을 반영하지 않는 대학의 사회복지학과에 진학해서 대학 부설 사회 교육원의 놀이치료사 양성 과정을 수료한 후, 노인 놀이치료사 자격증을 취득할 것을 추천했다. 노인 놀이치료사는 고령화 사회에서 꼭 필요한 매우 유망한 직종이라는 판단에서였다. 또한, 중국어 자격시험을 준비해온 과정을 살려 노인 놀이치료와 중국어를 결합해 노인 전문 여행 기획자 등으로 진로를 모색할 것을 제안했다.

이렇듯 미래 유망 산업에 대해 학생과 함께 토론하고 새로운 직업을 창조해내는 것은 진로 지도에서 매우 중요한 포인트 중 하나다.

고등학교 2학년인 수진이는 성적을 밝힐 수 없을 정도로 공부에는 취미가 없는 아이였다. 어려서 미용 뷰티 관련 일을 하고 싶어 했으나 미용사 경험이 있는 엄마의 만류로 인문계에 진학했고 이 때문에 공부와는 담을 쌓고 지냈다.

우리는 미용 뷰티에 관심이 많은 수진이의 특성을 고려해 뷰티 컨설턴트라는 직업을 소개했다. 뷰티 컨설턴트는 헬스+메이크업+아트숍+의료를 결합한 복합 뷰티 컨설팅을 하는 직업이다. 특히, 미용을 위해 우리나라에 오는 중국인 등의 의료 관광이 늘어나고 있는 추세를 감안해 수진이에게 국제 의료 관광 코디네이터 자격증을 취득할 것을 권하고, 자격증 취득을 위해 관광 관련 학교로의 진학을 준비할 것을 주문했다. 수진이는 우리가 추천한 직업에 대해 높은 호감도를 보였고, 하고 싶은 일이 생기자 진학에 대한 적극적 의지를 보였다.

아이들의 진로를 함께 고민하는 것의 키포인트는 아이가 원하는 분야를 존중해주는 것이다. 그래야만 아이 스스로 목적의식을 가지고 노력할 수 있는 근거가 생기기 때문이다.

_ 고등학교 3학년인 선우의 성적은 5등급대였다. 선우는 호텔리어가 되고 싶어 했지만 호텔리어가 되기 위해 준비해야 할 것에 대해서는 아는 바가 하나도 없었다. 무작정 친구들이 하는 국어, 영어, 수학 공부를 위한 학원을 다니고 있었다. 우리는 선우에게 호텔 관련 학과가 있는 학교의 입학 전형을 숙지시켰다. 수학 공부를 하는 것보다는 면접과 자기소개서 준비가 더욱 중요하다는 것을 일깨워 주었다.

대학 원서를 쓸 때가 되자 학교에서는 선우의 성적에 맞는 충청권 대학을 추천했다. 그러나 우리 판단은 달랐다. 호텔이나 관광 관련 직업의 경우 서울 소재의 대학이 어렵다면 차라리 제주도에 있는 대학으로 진학하는 것이 이후를 위해 유망하다고 판단했다.

우리는 선우의 성적에 맞는 제주권 대학을 권했고 선우는 무난히 합격했다. 그리고 제주도 관광객 중 다수를 차지하는 중국 관광객을 고려해 중국어 공부도 시작했다. 학생 스스로 미래를 위해 준비하고 행동한 의미 있는 사례였다.

진로 상담의 핵심은 대학 진학이 아니다. 아이의 먼 미래를 설계하고 대학은 미래를 위한 징검다리로 준비해야 한다. 단순히 점수에 맞춰 대학을 보내기에는 아이의 청춘이 너무 아깝고, 아이가 지불해야 할 학비의 규모가 너무 크기 때문이다.

🐢 온라인 강좌 무크(MOOC)

무크(MOOC)는 'massive open online courses'의 준말로 우리 말로는 '개방형 온라인 강좌' 정도로 번역할 수 있겠다.

형식만 본다면 방송통신대학과 비슷하다고 볼 수 있는데 방송통신대학이 기존 오프라인 대학이 있고 이와 별도로 직장인을 위한 온라인 강좌를 개설한 것이라면 무크 강의는 기존 대학을 대체하는 새로운 고등교육의 형태라고 할 수 있다.

무크는 2011년 가을 처음 만들어진 이래 폭발적인 증가세를 이어나가고 있다. 2013년 3월 약 400개, 2014년 3월 약 2000개 그리고 2014년 9월 현재 약 3200개로 늘어났다. 국가로는 미국, 플랫폼 (제공 기관 또는 조직) 쪽에서는 코세라(Coursera)가 무크의 전 세계적인 확산을 주도하고 있다.

특히 세계 최고의 미국 대학들과 그곳에서 근무하는 스타 교수들이 본격적으로 참여하여 새로운 고등교육의 대안으로 주목받고 있다.

무크에 대한 평가는 다양하지만 고등교육이 극적으로 변화하고 있음은 명백하다.

중학교 3학년 겨울방학의 중요성

고등학교 1학년인 현지는 중학교 때까지는 공부를 제법 잘하는 학생이었다. 그러나 고등학교 진학 후 현지의 성적은 바닥을 향해 곤두박질쳤다. 특히, 현지가 나름 자신 있었던 수학 점수는 상상을 초월할 지경이었다. 1학기 중간고사, 기말고사, 사이사이 모의고사 점수까지……. 현지의 점수는 회복할 기미가 없었다. 현지는 공부를 포기하고 싶어 하기까지 했다.

중학교 때는 제법 공부를 잘했는데 고등학교 때 갑자기 점수가 떨어지는 경우를 주위에서 흔히 볼 수 있다. 특히, 영어와 수학 등 주요 과목에서 이런 현상은 두드러진다.

왜 그럴까?

중학교까지 시험은 학교 교과서 내에서 출제된다. 다른 지역 학생들과 공통으로 보는 시험이 없기 때문에 자기 학교 교과서에만 충실하면 대부분의 시험은 해결이 된다. 그러나 고등학교는 다르다. 고등학교에서는 수능이라는 목표를 향해 전국의 또래들과 경쟁한다. 자기 학교 교과서뿐 아니라 전국의 학교에서 배우는 모든 교과서가 시험 범위가 된다.

특히, 영어의 경우 교과서 외 지문의 출제율이 교과서 내 출제율보다 높아진다. 교과서만 외우면 어느 정도 점수가 나왔던 중학교 시험과는 판이하게 달라진다. 근본적인 영어 실력을 올려두지 않으면 성적 향상은커녕 유지조차 어려워진다.

때문에 많은 아이들이 고등학교 진학 후 성적이 많이 떨어진다. 그런데 반대로 성적이 향상되는 학생도 있다.

고등학교 시험은 똑같이 어려워지는데 이같이 상반된 현상이 나타나는 이유는 무엇일까?

초등학교, 중학교 그리고 고등학교 기간 중 가장 중요한 시기가 중학교 3학년에서 고등학교 1학년으로 올라가는 시기가 아닐까 싶다. 일단 대학 입시를 목표로 본다면 이 시기 공부가 대입에서 수학을 어느 수준까지 접근할 수 있는가를 가름하는 1차 관문인 듯하다.

중학교 3학년 2학기부터 고등학교에 입학하기 전까지의 시기를 어떻게 보내느냐에 따라 고등학교 이후 양상이 판이하게 갈린다.

먼저 짚고 넘어갈 점은 중학교 3학년 2학기 기말고사다. 이 시험은 내신에 포함되지 않는다. 그리고 고등학교 수학의 관점에서도 그다지 중요하지 않다. 그런데 너무 많은 학생들이 기말고사 점수에 매달려 아까운 시간을 놓친다. 문제는 생각보다 시간이 많지 않다는 점이다.

대부분의 부모들이나 학생들은 중학교 3학년이면 시간이 많이 남아 있다고 생각한다. 그러나 시간은 생각보다 빨리 흐른다. 중학교 3학년 기말고사에 매달려서 시간을 지체하고 기말고사 끝난 후 어영부영 시간을 보내면 연말이 된다. 연말이 되면 남은 시간은 두 달 정도에 불과한데 두 달 정도의 시간으로는 현상 유지 이상을 하기는 어렵다. 사실 이것도 만만치는 않지만 말이다.

고등학교 진학 이후 성적이 향상된 학생들 대부분은 이 시기를 최대한 효율적으로 활용한 아이들이다.

두 번째로 중요한 시기가 고등학교 진학 직후다.

일단 고등학교에 들어가면 할 일이 많아진다. 학교 공부에, 각종 행사나 봉사 활동까지 하고 나면 정작 공부할 시간이 많지 않다. 특히 최근 입시 전형에서 각종 학내 활동 등을 강조하다 보니 행사들이 더욱 많아지는 추세다.

이 가운데 학생들이나 부모들이 냉정하게 봐야 할 것은 이른바 학교의 군기 잡기(?)다. 학교가 사실상 학습적 측면에서 기능을 상실하고 이로 인해 면학 분위기가 위협받다 보니 야간 자율 학습이나 방과 후 학습 등을 강조한다. 그러나 냉정히 말하면 대학 가는 데 야간 자율 학습이나 방과 후 학습은 별 영향력이 없다. 그나마 방과 후 학습은 해당 과목에 대한 수료로 학생부에 표기되기라도 하지만 야간 자율 학습은 하등의 영향을 미치지 못한다.

또한 야간 자율 학습이나 방과 후 학습이 실제 학습에 도움이 되는 아이들은 그다지 많지 않다. 강의식 학교 수업을 잘 따라가지 못하는 학생이 같은 형식의 방과 후 수업을 따라가는 것은 사실상 불가능하다. 또한 성적이 낮은 학생의 대부분은 자율 학습 시간을 주어도 무슨 공부를 어떻게 해야 할지 몰라 우왕좌왕 시간만 낭비하기 쉽다. 오죽하면 학창 시절 추억으로 남는 일탈(?)의 기억들이 대부분 '야자' 시간의 기억이라는 말이 있겠는가? '야자'는 성인이 된 후에 학창 시절의 아련한 추억을 쌓아줄 수 있을지는 모르겠지만 학습에는 큰 도움이 되지 못한다. 오히려 고등학교 1~2학년 때 학교의 강요로 멋모르고 야간 자율 학습이나 방과 후 학습에 발이 묶였던 학생들이 3학년이 돼서 현실을 깨닫고 학교에 분개하는 모습을 자주 접한다.

전체적으로 요약하자면 중학교 3학년 하반기에서 고등학교 1학년에 이르는 시기는 생각보다 중요한 시기다. 이 시기에 큰 틀에서 학생의 수학 수준이 1차로 결정된다. 따라서 중학교 3학년 하반기에 역량을 집중하여 상황을 돌파해야 한다.

학생들의 수학 실력은 꾸준하게 발전하는 것이 아니다. 가령 연령대로 본다면 초등학교 입학 시기, 중학교 입학 시기 정도에 학생의 인지능력이 집중적으로 발전한다. 따라서 공부를 하더라도 이 시기에 집중하는 것이 훨씬 효과적이다.

중·고등 학생들도 마찬가지다. 대다수의 중·고등 학생들은 기복이 심하다. 마냥 게임만 할 것 같던 아들이 어느 날 공부하겠다고 나선다. 물론 이 생각이 견고하지 않거나 오래가지 않을 수도 있다. 그러나 바로 그 순간이 찬스다. 아무 생각도 없이 기계적으로 학원을 오가는 것보다 공부하겠다는 생각이 든 바로 그 순간을 포착하여 역량을 집중시킬 필요가 있다.

🌸 지속되지 않는 공부가 무슨 소용이 있느냐고 반문할 수 있다. 그러나 아이들은 굴곡을 거듭하며 커가는 것이 정상이다. 따라서 굴곡을 거듭하는 아이의 일상에서 어떤 시점을 포착하여 그 시기에 역량을 집중하도록 해주는 것이 좋다. 그리고 불필요하게 학원비를 낭비하지 말고 최대한 아껴 두었다가 아이가 공부하겠다고 마음먹은 순간을 포착하여 재원을 집중하자.

일대일 밀착형 수업으로
기본 스킬을 잡아라

고등학교 진학을 앞둔 영수는 중학교 때 전교 20등 안에 들던 모범생이었다. 그런데 고등학교 수학 수강을 위한 레벨 테스트에서는 하위 등급이 나왔다. 자기보다 성적이 낮았던 친구들은 소위 '스카이반'에 배치되었는데 친구들보다 한참 낮은 반에서 공부를 하려니 속이 이만저만 상하는 것이 아니다. 무엇이 잘못된 것인지 영수는 혼란스럽다.

중학교 수학은 1학년은 정수와 유리수, 2학년은 순환소수, 3학년은 무리수를 나누어 배우는 것으로 하여 교과를 분산해놓았다. 1학년은 일차방정식과 원점을 지나는 일차함수, 2학년은 연립일차방정식과 일차함수의 이동, 3학년은 이차방정식과 이차함수로 뚝뚝 끊어서 배운다. 교과 내용이 범위가 좁고 뚝뚝 끊기다 보니 학생들은 수 체계, 방정식, 함수 등에 대한 종합적인 이해보다는 해당 교과 내용에 대한 심화 문제를 중심으로 유형을 암기하는 식의 공부를 할 수밖에 없다.

이런 식의 공부는 매우 많은 문제를 낳는다. 첫째는 기본기가 약해진다. 둘째는 불필요한 응용문제를 너무 많이 풀어 중요한 것과 그렇지 않은 것 사이의 구분이 약해진다. 셋째는 끊어서 배운 내용을 종합적으로 이해하지 못하게 된다.

실제로 고등학교 진학을 앞둔 수학 성적 중위권 학생들 다수가 일차·이차 함수를 제대로 그리지 못한다. 그리고 일차함수가 직선이고 이차함수가 포물선이라는 점조차 잊어버린다. 이차함수를 직선으로 그리는 경우도 허다하다. 이차방정식을 풀 때 인수분해를 해야 할지, 근의 공식을 써야 할지 헷갈리는 경우가 대부분이고, 짝수 공식을 사용할 줄 아는 학생이 많지 않다. 그리고 근의 공식을 유도하고, 근과 계수 사이의 관계를 정확히 이해하거나 유도할 줄 아는 학생도 많지 않다. 강물에 살얼음이 낀 것같이 매우 아슬아슬한 상태다.

영수의 경우도 중학교 시험 기간 중에는 시험 범위에 기초해 착실하게 공부를 했지만 시험이 끝나면 이내 잊어버리고, 다음 시험 범위 준비에만 몰두한 전형적인 보통 학생이었다. 때문에 당장의 시험은 잘 볼 수 있었지만 중학교 과정을 종합적으로 물어보는 레벨 테스트에서는 형편없는 점수를 받고 만 것이다.

중학교 3학년 하반기에서 고등학교 1학년으로 올라가는 겨울방학까지 중위권 학생들이 반드시 해야 할 작업은 중학교 수학 전반을 종합적으로 정리하고 중요한 기본기를 철저히 익히는 것이다.

앞에서 말했듯이 고등학교 1학년 1학기 수학은 중학교 1~3학년 과정을 통합해서 배운다. 이렇게 되면 쉬운 문제는 실수 때문에 틀리고 어려운 문제는 몰라서 틀린다. 중학교에서 70~80점대를 맞던 학생이 50점 밑으로 내려가는 것은 순식간이다. 일단 기본기가 약해 점수가 하락하면 고등학교 1학년 1학기 수학만 문제가 되는 것이 아니다. 2학기 수학, 심지어는 3학년 때까지 문제가 된다.

고등학교 3학년 학생 중에 인수분해나 이차함수와 같은 초보적인 문제조차 정확히 풀지 못하는 아이들이 허다하다. 제때 교정을 하지 않고 학년만 올라갔기 때문이다. 인수분해 정도만 정확히 알아도 고등학교 3학년 수학에서 어느 정도 방어가 가능하다. 이과는 몰라도 문과 수능은 매우 쉽다. 1등급, 2등급을 가르기 위한 난이도 높은 문제를 제외하고는 사실 대부분의 문제가 기본적인 내용을 확인하는 경우가 많다. 그런데 1초가 아까운 고등학교 3학년 시기에 인수분해에 막혀 진도를 나갈 수 없을 때처럼 황당한 경우가 많다.

고등학교 1학년 1학기 수학은 생각보다 어렵다. 중학교 1~3학년 때 배운 내용을 토대로 문제를 내다 보니 종합적인 지식을 요구한다. 이런 문제는 중위권 학생들이 풀기 어렵다. 설사 풀었다고 해도 외워서 푼 경우가 많기 때문에 장기적으로 별 도움이 되지 않는다. 반면 고등학교 1학년 2학기 이후의 수학은 수열, 지수와 로그, 극한 등 새로운 개념이 등장한다. 여기서는 낯선 것이 문제지만 실질적인 내용은 매우 쉽다. 새로운 개념을 익히게 하면서 처음부터 어려운 내용을 가르칠 수 없기 때문이다. 따라서 고등학교 1학년 1학기에 나오는 어려운 수학을 푸는 대신 고등학교 1학년 2학기 이후 수학을 접해 낯설음을 해결할 수 있다면 고등학교 1학년 2학기 이후를 기약할 수 있다.

기본 스킬을 익히는 데 강의식 수업은 금물이다. 기본 스킬을 익히는 데 가장 중요한 것은 일대일 밀착형 수업이다. 다수의 학생들이 강의를 들으며 이해했다고 생각하지만 수학의 경우, 눈으로 이해하는 것과 손으로 푸는 것은 천지차이다. 일대일 밀착형 수업을 통해 연산과 그래프 그리기를 기초부터 확실히 바로잡도록 해주자.

특히 중위권 학생은 강의식 수업을 최대한 줄이고 누군가 학생이 직접 문제를 푸는 과정을 지켜보면서 연산 및 그래프 그리는 과정을 일일이 바로잡아 주어야 한다. 이 작업이 진행되면 다음을 기약할 수 있다. 일단 기본기가 완성되면 고등학교 1학년 1학기에 나오는 어려운 문제를 풀기 위해 과도한 노력을 기울이지 말고, 고등학교 1학년 2학기 수학으로 진도를 나가는 것이 좋다.

⟨그림⟩ 교사의 중요성

중학교 3학년 여름방학 정도부터 하반기까지는 학교 성적에 매이지 말고 고등학교 과정을 나가야 한다.

원생 가운데 중학교 3학년 하반기 태도가 극단적으로 달랐던 두 학생을 소개할까 한다.

명호와 은우는 둘 다 중학교에서 반에서 1~2등을 다투고 있었다. 문제를 풀게 해보면 수학적 감각이나 수준이 비슷했다.

명호는 그해 여름방학부터 시작했던 고등학교 수학 과정을 꾸준히 따라왔다. 중학교 3학년 여름방학 이후에는 학생들이 마음을 다잡고 공부하기가 쉽지 않다. 특히 토요일, 일요일 등에 학원에 나와 공부를 하는 것은 만만치 않은 일이다. 그럼에도 명호는 한 번도 거르지 않고 수업에 참여했다.

학생이 따라오기만 한다면 방학 중 두 달 수업은 학기 중 1년 수업과 비슷하다. 특히 내신이나 진도에 대한 부담이 없고 해야 할 공부가 산더미 같기 때문에 그 효과는 매우 크다. 우리는 고지를 향해 불필요한 과정, 쓸데없는 반복을 걷어내고 핵심만 추려 쉴 새 없이 수업했다.

그 결과 명호는 지역 일반고에 입학해 전교 2등을 했다. 전교 2등보다 중요한 것은 명호가 이미 고등학교 2~3학년 수학에 대한 가닥을 잡은 상태에서 고등학교 1학년 수학을 통해 그런 결과를 얻었다는 점이다. 이런 상태면 명호는 수학에 대한 부담을 덜고 여유 있는 상태에서 진로를 고민할 수 있을 듯하다.

명호와 비교하여 가장 안타까운 사례는 은우다. 자영업을 하던 은우의 부모는 은우가 남달리 착하고 공부도 잘하는 것에 자부심을 갖고 있었다. 그러나 은우의 부모는 고등학교를 어떻게 준비해야 하는지 전혀 알지 못했다. 은우는 중학교 때 반에서 1~2등을 다퉜지만 고등학교에 대한 어떠한 준비도 없이 중학교 3학년 겨울방학의 해방감을 즐기며 허송세월을 해버렸다.

중학교 3학년 때의 1등은 모두가 같은 1등이 아니다. 또한 중학교 3학년 때의 100점도 모두가 같은 100점이 아니다. 중학교에서의 성적은 학생이 어느 지역, 어느 학교에 다니는가에 따라 매우 다르다. 영어의 경우, 같은 100점이라도 교과서 지문 정도의 난이도로 출제되는 학교에서 받는 100점과 난이도가 높은 학교에서 받는 100점의 실력 차이는 크다. 그마저도 중학교 3학년 시험이라는 한계에서 출제된 것이니 실제 실력 차이는 더 크다고 할 수 있다.

중학교 3학년에서 똑같이 100점을 받던 학생들이 고등학교 1학년 시험에서 60~90점 정도로 갈린다. 중학교 3학년 때 실력은 정직하지 않다. 이렇게 된 이유는 초등학교에서 학교 시험에 대한 부담이 적을 때 벌어졌던 차이가 공교육을 중시하는 중학교에서 은폐되었다가 고등학교에 들어서 더 큰 차이로 나타나기 때문이다.

우리는 중학교 3학년 여름방학 이후 은우에게 학원에 열심히 나올 것을 주문했다. 그리고 개인적인 지도도 결합했다. 그러나 은우는 너무 바빴고, 상황을 돌파하는 목적의식적인 추진력이 약했다. 결국 은우는 유명 자사고에 진학했지만 첫 시험에서 낭패를 보고 말았다.

중학교 3학년에서 고등학교 1학년으로 올라가는 시기에는 대입까지의 경로를 제대로 알고 있는 교사의 지도가 매우 중요하다. 이 시기가 고등학교 이후 아이의 수준을 바꿀 수 있는 가장 중요한 시기이기 때문이다. 우리는 이 시기에는 고등학교 1~3학년 과정 전체를 놓고 중요한 대목만 골라 집중적으로 가르친다. 학교 진도보다 그야말로 100배는 빠르게 중요한 부분을 짚어간다. 그리고 중요한 대목을 가르칠 때도 두 가지 부분을 한꺼번에 할 수 있게끔 진도를 재구성한다. 또한 철저하게 학생의 특성과 점수대에 맞춘다. 80점대 학생이라면 70~90점대 문제만 풀게 하고, 60점대 학생은 40~70점대 문제만 풀게 하는 방식이다.

그렇게 6개월여를 공부한다고 생각해보라. 같은 점수대의 학생이라도 그렇게 6개월을 보내면 학생의 수준은 근본적으로 달라진다.

자기 주도 학습은 환상이다

고등학교 1학년인 혜민이는 고민이 많다. 학교에서는 야간 자율 학습을 무조
건 해야 한다고 하는데 아무리 생각해도 자신의 현재 실력은 혼자서 공부하
기에는 불안한 것 같기 때문이다. 어떤 참고서로 어떻게 공부해야 하는지조차
막막하다. 학원의 도움을 받아보려고 담임선생님에게 '야자'를 빼달라고 할라
치면 "불이익을 주겠다"는 엄포를 당하기 일쑤다.

학교에서는 이른바 자기 주도 학습으로 야간 자율 학습을 시킨다.
말이 자율이지 사실상 야간 강제 학습과 다름없다.

자기 주도 학습의 효과를 논하려면 공부가 무엇인가를 먼저 생각해
야 한다.

먼저 어떤 과학자의 탄식부터 소개한다.

이 물리학 교수는 과학과 관련한 특별한 뉴스가 나올 때마다 기자
들로부터 유치원생도 이해할 수 있도록 쉽게 설명해달라는 부탁을 받
는단다. '유치원생도 이해할 수 있도록 쉽게.' 최신 과학 뉴스 즉, 양자
역학이나 상대성이론을 유치원생도 이해할 수 있도록 쉽게 설명할 수
있는 방도는 없다. 현대물리학은 유치원생은 물론 어른들도 그 분야의

전공자가 아니고서는 쉽게 이해하기 어렵다. 그리고 유치원생도 쉽게 이해할 수 있는 정도라면 보도할 가치가 없다.

문제의 핵심은 '도대체 공부가 무엇인가'에 있다. 공부는 많이 아는 사람이 모르는 사람을 가르치는 과정이다. 그런데 현대의 학문은 옛날 아리스토텔레스나 뉴턴이 했던 것처럼 혼자서 천재적인 직관과 사색만으로 할 수 있는 것이 아니다. 양자역학을 위해 스위스에서 프랑스를 연결하는 지역에 수십 킬로미터에 이르는 입자가속기를 설치하고 수천 명의 학자들이 공동 연구를 하는 식이다.

고등학교 수학도 마찬가지다. 고등학교 수학은 본질적으로 혼자 공부할 수 있는 영역이 아니다. 뉴턴이라는 대천재가 수십 년에 걸쳐 발견한 미적분을 도대체 어떻게 혼자 공부할 수 있겠는가? 공부의 시작은 선배들이 공부한 것을 습득하는 과정, 곧 모방이다. 강의니 모듬 수업이니 자기 주도 학습이니 하는 것들은 본질적으로 모방이라는 작업을 어떻게 효과적으로 할 것인가를 다루는 일종의 방법론일 뿐이다.

고등학교 수학을 모방하는 데서 중요한 것은 노련한 교사의 지도다. 교사는 단순히 공부를 가르치는 것이 아니다. 학생들의 특성과 자질을 고려하여 언제 무엇을 가지고 가르칠 것인가를 결정한다. 그리고 중요하게는 학생들의 잘못된 습관을 바로잡는다.

우리는 학원을 하면서 학생들의 성적을 많이 올려놓았다. 일차방정식을 잘 못 푸는 특성화고 학생을 수학 전교 1등으로 만들어도 봤고, 중학교 2~3학년 보통 학생들 성적을 두 달 정도 만에 30~40점 올리는 일은 늘 있는 일 중 하나다.

그렇게 할 수 있었던 것은 학원의 독특한 시스템 때문이었다. 저소득층의 교육 격차 해소를 위해 금천구를 자원했고 여기서 저렴한 가격으로 일대일 수업을 했다. 대부분의 성과는 이 과정에서 만들어진 것이다. 결국 학생들에게 얼마나 돈과 정성을 쏟을 것인가의 문제다.

냉정히 말하자면 자기 주도 학습이란 학생들에게 재원을 부담할 여력이 없는 정부나 낭만적인 사교육 퇴치론자들이 퍼뜨린 환상이다.

우리나라는 교육을 너무 이상한 방향에서 본다. 교육의 핵심은 '후세를 어떻게 가르칠 것인가?'다. 향후 사회가 고도 지식사회라고 한다면 그것은 최첨단 교육을 해야 한다는 의미다. 그런데 이해할 수 없을 정도로 교육비, 그것도 사교육비를 얼마나 절감할 것인가를 지고의 척도로 놓고 평가한다.

과도한 사교육이 사회적 문제라는 것은 인정한다. 그러나 거기에는 교묘한 맹점이 숨어 있다. 자기 주도 학습이니 방과 후 학습이니 하는 것들은 결국 학생들에게 교육예산을 더 투자하지 않으려는 정부의 논리와 맞닿아 있다. 아니면 학생들에게 더 많은 시간을 투자할 의지가 없는 공교육이 만들어낸 신화가 아닐까?

모든 것을 떠나서 명확한 것은 있다. 대부분의 부모, 학생들에게 가장 중요한 목표 중 하나는 좋은 대학에 진학하는 것이다. 현 입시 제도 하에 중학교 3학년 겨울방학 또는 고등학교 1학년 초입인 중위권 학생이 자기 주도 학습을 통해 상황을 반전시킬 가능성은 거의 없다. 병으로 치면 일종의 암이다. 암이 걸린 환자에게 필요한 것은 시급하고 대담한 처방이다. 자기 주도 학습은 암 환자에게 "앞으로 건강관리 잘하라"는 덕담을 던지는 것만큼이나 한가한 이야기다.

앞에서 말했듯히 자기 주도 학습이 가능한 아이들은 소위 상위권 아이들로, 자신이 부족한 부분을 명확히 알고 있고 공부 방향도 명확히 서 있는 아이들이다. 성적이 그 이하인 아이들은 무엇을 어떻게 해야 할지 알지 못한다.

🌿 중학교 3학년 겨울방학 동안 고등학교 과정에 대해 충분히 준비해놓은 학생이 아니라면 고등학교 1학년이 되어 야간 자율 학습에 매여 시간을 죽이기보다는 교사의 도움을 받아 학습 방향을 명확하게 하는 것이 시급하고 중요하다.

준비되지 않은 학생이 야간 자율 학습을 한다는 것은 산을 오를 때 등산로의 지도도 없이, 안내자도 없이 그냥 무작정 길만 따라가는 것과 다르지 않다. 이럴 경우 쉽게 지칠 수 있고, 자칫 혼자 산속을 헤매다 길을 잃게 되기 쉽다.

뒤쳐진 진도에
발목 잡히지 마라

고등학교 1학년인 우진이는 대안 학교에 다녔다. 자연 친화적 대안 학교에서 초·중 학교 시절을 보낸 우진이가 공부를 결심한 것은 중학교 3학년 나이가 되었을 때다. 학습에 대한 스트레스 없이 행복한 청소년기를 보내는 것도 좋았지만 미래에 대한 불안감이 밀려왔던 것이다. 우진이는 대안 고등학교 진학을 포기하고 일반고로 진학했다.

그러나 일반고에서의 생활은 쉽지 않았다. 건강하고 밝은 성격 덕에 친구들과의 관계는 아무 문제가 없었지만 문제는 학습이었다. 특히 수학이 문제였다. 대안 학교에서 배운 기본적인 연산 정도로는 고등학교 수학을 따라잡을 수가 없었다.

우리는 우진이 집이 학원에서 꽤 먼 거리에 있다는 점을 고려해 일단 영상 수업을 시작했다. 한 번에 20분씩 일주일에 두 번을 영상으로 함께 수학 문제를 풀었다. 처음에는 기본 연산만 잡기 시작했다. 그런데 이전 학습량이 너무 적어 주 2회 20분 정도로는 턱없이 부족했다.

우리는 많은 학습량과 스킬이 필요한 고등학교 1학년 1학기 과정을 포기하고, 지수와 로그 그리고 수열과 극한 등 고등학교 1학년 2학기 과정부터 잡아나가기 시작했다. 기본 연산이 조금씩 잡혀가고 우진이와 교사의 신뢰도 쌓여가기 시작했다. 이때 우진이에게 본격적인 학습을 권했다.

영상 수업으로는 학습량이 턱없이 부족했으므로 일주일에 한 번 학원에 오게 했다.

우리가 우진이에게 처방한 학습법은 따라 풀기였다. 따라 풀기는 교사가 먼저 문제를 풀어주면 학생이 따라 푸는 방법이다. 엄밀하게 말하자면 이런 식의 공부는 옳지 않다. 수학은 너무 어렵지 않은 문제를 자기 힘으로 푸는 것이 좋다. 그러나 우진이에게는 시간이 없었다.

우리가 택한 따라 풀기 방법은 진흙탕에 빠진 학생에게 밧줄을 묶고 코끼리를 동원해 한꺼번에 끌어 올리는 방식이다. 이렇게 한번 진흙탕에서 벗어나면 아이들은 수학하는 재미, 성적이 오르는 재미가 붙게 되고 이후 학습의 바탕을 쌓을 수 있다. 우진이와 같은 아이에게 원론적인 방법으로 개념 이해부터 천천히 시켰다면 우진이는 영원히 수학의 늪에서 허우적댔을 확률이 크다.

다행히 우진이는 빠른 속도로 따라붙었다. 고등학교 1학년 1학기 중간고사 점수가 15점이었던 우진이는 2학기 기말고사에서는 59점을 맞았다.

이런 비약이 가능한 것은 고등학교 1학년 2학기 수학이 갖는 특수성 때문이다. 고등학교 1학년 1학기 수학은 어렵다. 매우 숙련된 연산 실력이 밑받침되지 않으면 좋은 결과는커녕 낭패를 보기 십상이다. 그만큼 고등학교 1학년 1학기 수학은 중학교 전체 과정에서 수학 실력을 얼마나 쌓았는가를 본다.

반면 고등학교 1학년 2학기 수학은 전혀 다른 내용이다. 지수와 로그, 극한 등 전혀 새로운 개념이 나온다. 따라서 다소 중학교 수학이 엷더라도 만회할 수 있는 좋은 기회다.

우진이와 비슷한 사례로 형우가 있다.

우리가 형우를 처음 만난 것은 형우가 고등학교 1학년 때였다. 당시 형우는 일차방정식도 제대로 풀지 못했다. 우리는 고등학교 수학 연산의 기본이 되는 인수분해나 이차방정식 등을 꾸준히 가르치는 한편 집요하게 행렬의 곱셈과 역행렬 구하는 법(행렬 단원은 교육과정 개편 과정에서 빠짐), 지수와 로그의 기초 연산만을 가르쳤다. 형우는 특성화 고등학교에 재학 중이었는데 대부분의 특성화 고등학교는 시험문제의 난이도가 매우 낮다.

대표적인 수포자였던 형우가 고등학교 2학년이 되었다. 드디어 그동안 갈고 닦은 행렬과 지수와 로그 단원이 시험 범위가 되었다. 학교에서는 문제 은행식으로 시험문제를 사전에 공개한 뒤 그 안에서 문제를 출제했다. 우리는 형우와 함께 시험 전날 학교에서 나눠 준 프린트물을 서너 시간 집중 공부했다. 형우는 중간고사에서 수학 100점을 받았다. 기말고사에서는 96점을 받아 난생처음으로 성적표에 반에서 1등, 전교에서 1등이라는 숫자가 찍히는 기적을 이루었다. 예상은 했지만 놀라운 결과였다.

이렇게 할 수 있었던 힘은 일차방정식이나 일차함수 등을 잡지 않고 행렬과 지수·로그가 시험 범위가 될 것을 예측하며 행렬과 지수·로그의 기초만을 집요하게 잡았기 때문이다. 그랬기 때문에 막상 시험 전날 서너 시간 공부하는 정도로, 학교에서 나눠 준 프린트물을 모두 소화할 수 있었던 것이다.

정도 차이는 있지만 대부분의 학교 수학이 그렇다. 아이들은 고등학교 1학년 1학기 시험 점수에 좌절해 수학을 포기한다. 그러고 나면 2학기부터는 어떤 내용이 나오는지조차 관심이 없어진다. 혹은, 수학은 너무 어렵다는 편견 속에 사실은 매우 쉬운 내용을 우주인의 암호처럼 각색해서 이해하기도 한다.

우리는 성적이 떨어져 낙심한 상태로 학원에 상담 오는 고등학교 1학년 학생들에게 이렇게 조언한다.

"고등학교 문과 수학 전 과정에서 가장 어려운 부분이 고등학교 1학년 1학기 수학이다. 2학기에는 전혀 다른 내용이 나오니 다시 힘을 내서 시작해보자."

공부는 무조건 열심히 한다고 잘하게 되는 것이 아니다. 물론 열심히 하는 것이 가장 기본이다. 그러나 이미 때를 놓쳤다고 판단되면 이미 앞서가고 있는 진도를 헉헉대며 뒤따라가지 말고 뒤의 진도에 영향을 미치지 않는 부분은 과감히 포기하고 진도를 가로질러 가는 것이 훨씬 현명한 방법이다.

성적은 한정된 자원을 어떻게 효율적으로 집중하는가에 따라 상당히 달라진다.

🌿 1쪽을 읽어야만 2쪽을 읽을 수 있는 책이 있는가 하면, 앞에 나온 내용과 상관없이 필요한 부분만 찾아 읽어도 충분히 내용을 파악할 수 있는 책이 있다.

수학도 마찬가지다. 고등학교 수학을 하기 위해 반드시 필요한 부분은 꾸준히 학습하되 당장의 변별력을 위한 난이도 높은 시험문제에 발목이 잡혀서는 안 된다. 꼬인 매듭을 억지로 풀려고 하지 말고 필요 없는 부분은 과감하게 잘라내라. 그래야 다음 매듭을 풀 기회라도 얻을 수 있다.

🐟 따라 풀기

수학을 공부하는 데 개념을 강조하는 이들이 있다. 맞다. 수학은 개념과 원리에 충실해야 발전이 가능하다. 문제는 개념을 강조하기에는 공부할 분량이 너무 많다는 점이다.

이과 수학의 경우 개념과 원리를 생각하며 차분하게 풀다가는 날이 새버린다. 그렇게 해서는 엄청난 분량을 소화해내지 못한다. '선행학습금지법'이 통과되었을 때 문제가 되었던 것도 이 부분이다. 가령 기하 벡터에서 어려운 문제가 나오는데 이를 교과 진도에 따라 차근차근 나가서는 문제를 풀 수 없다.

이런 경우는 교사가 풀어주고 따라 풀게 하는 것이 좋다. 예를 들어 삼각함수 단원에서는 학생 수준에 따라 선별된 기출문제를 교사가 먼저 풀고 이를 따라 풀게 하는 식이다.

이과 삼각함수에는 수십 개가 넘는 공식이 나온다. 그리고 이를 적절한 때에 적절하게 사용할 수 있어야 한다. 수십 개의 공식의 개념을 충분히 이해하고 이를 다시 암기하고 난 후에 문제 풀이에 들어가서 암기한 공식의 개념을 활용해 문제를 차근차근 풀어가다가는 이과 수학이 요구하는 진도를 따라갈 수가 없다. 일단 교사의 지도하에 문제 풀이에 바로 들어간 후 교사를 따라 풀면서 공식에 대한 이해와 암기를 한꺼번에 진행하는 것이 훨씬 효과적이다.

많은 진도를, 개념을 일일이 생각하며 푼다는 것은 매우 어려운 일이다. 아이들이 공부에 집중하는 데는 한계가 있다. 어느 시간을 넘어서면 피로가 쌓이고 해이해지기 쉽다. 이런 상태에서는 생각하며 공부하는 것이 만만치 않다. 이런 때 주효한 것이 교사가 시범을 보이고 학생들이 따라 풀게 하는 것이다. 따라 풀기의 강점은 첫째, 학생의 긴장감을 길게 유지한다는 점 둘째, 학교 수학이 요구하는 엄청난 분량을 따라갈 수 있다는 점이다.

따라 풀기는 초등학교, 중학교, 고등학교에서 모두 적용될 수 있다. 수학은 생각하는 학문이다. 무엇보다 자신의 힘으로 끈질기게 생각하는 과정에서 수학적 힘이 쌓인다.

그러나 우리나라 학교 교과나 시험문제는 그렇게 구성되어 있지 않다. 교과는 엄청난 분량으로 학생들의 기를 죽이고, 시험문제는 연산 위주로 구성되어 있으며, 학생들을 변별하는 데서 기본 개념을 응용한 사고력 문제가 아니라 문제집을 샅샅이 뒤져 1등과 2등을 가르기 위한 인위적인 문제를 누가 잡는가로 평가한다. 이런 상황에서 개념과 원리만을 일면적으로 강조하는 것은 현실과 맞지 않는다.

따라서 학생의 수준과 상태를 봐서 어느 수준까지는 아예 생각하지 말고 기계적으로 풀게 하고 어느 순간부터는 시간을 들여 생각하도록 해야 한다. 양자를 적절히 결합하는 것이 학교 성적과 수학 실력을 함께 올릴 수 있는 매우 중요한 방법 중 하나다.

끝까지 풀어 버릇하라

고등학교 3학년이 된 재우는 우리와 4월경 처음 만났다. 우리는 시점이 시점인 만큼 고등학교 3학년 모의고사를 대비해야 했다. 외견상 재우의 학습량은 적지 않았다. 그리고 꽤 어려운 문제도 나름 푸는 흉내를 냈다. 그런데 재우는 아주 기초적인 문제를 제외하고는 대부분 틀렸다.

두 단계 이상의 계산이 필요한 부분에서 재우는 두 단계 모두를 안정감 있게 풀고 일관되게 정리하지 못했다. 두 단계가 필요한데 반드시 어느 쪽에선가 탈이 생겨 틀리거나 꼬이곤 했다. 그렇게 해서 제법 어려운 문제도 손을 대지만 결국은 이상한 답을 내거나 너무 많은 시간을 써버렸다.

문장이 나오거나 생각하는 문제가 나오면 당연히 포기해버리거나 제멋대로 답을 쓰곤 했다. 재우는 수학 문제를 푼다기보다 소설을 쓴다고 보는 편이 옳았다. 즉 수학적 원리에 맞게 하나하나 끈질기게 풀지 않고 조금만 어려운 대목이 나오면 '그랬으면 좋겠다'는 희망을 담아 문제를 풀었다. 이런 습관이 너무 오래 길들어 손쓸 수 없는 상태였다.

중학교 3학년인 기범이는 성적이 나름 중상위권에 속했다. 따라서 겨울방학 중에 고등학교 1학년 2학기 이후의 수학을 공부할 계획이었다. 기범이는 다행히 수열이나 지수·로그 등 고등학교 1학년 2학기 수학을 무난히 따라왔다. 그런데 중학교 2~3학년 수학이 많이 약했다. 중학교 때 공부를 소홀히 했기 때문이기도 하지만, 수학 문제를 마치 사회 문제 풀듯 외워서 푸는 경향이 짙게 남아 있는 것이 문제였다. 기범이는 많은 문제를 풀었지만 대부분 답을 정확히 내거나 끝까지 풀지 않고 시간만 채운 듯했다.

이런 유형의 학생들이 대단히 많다. 아마도 중위권 이하 고등학생 대부분이 여기에 해당될 것이다. 중위권 학생들의 경우 이 문제만 고쳐도 한 단계는 레벨업 할 수 있다. 이런 습관을 고치지 않으면 어느 단계 이상 성적이 오르지 않는다. 학습량이 문제가 아니라 공부하는 습관이 문제이기 때문이다.

다수의 학생들이 이런 상황에 빠진 이유는 다음과 같은 수학교육 때문이다.

첫째, 분량이 너무 많다. 한국의 수학 분량은 어떤 학생이 차분히 그 의미를 생각해가며 공부하기에는 너무 많다. 대부분 진도 따라가기에도 바쁘다.

둘째, 물량식 교육으로 단순 연산을 반복시킨다. 학생들은 어려서부터 단순 연산 위주의 문제를 매우 많이 푼다. 학습이 그것을 얼마나 이해했느냐가 아니라 얼마나 풀었는가에 따라 측정된다. 학교나 학원에서는 대부분 터무니없이 많은 분량의 연산 문제를 낸다. 그것도 숫자만 바꾼 고만고만한 문제들이다. 당신이라면 어떻게 하겠는가? 되도록 생각하는 것을 줄이고 습관적으로 문제를 풀면 된다.

물량식 교육의 결정적인 맹점은 생각을 줄이고 기계적으로 풀게 된다는 것이다. 이게 쌓이면 위험한 결과를 낳는다. $3 \times 4 = 12$는 생각하지 않아도 된다. 그냥 손이 움직이는 대로 쓰기만 해도 별로 틀리지 않는다. 그리고 이상하게도 생각하지 않고 답을 써도 일단 쓰기만 하면 부모들은 관대해진다. 생각이야 어쨌든 학습량을 채운 것으로 간주하기 때문이다.

학생들은 점점 수학적 원리를 생각하는 것을 포기하고 대충 답을 적는다. 대충 맞을 것 같은 답을 쓰는 것이다. 대충 쓰는 게 습관화되면 모든 수학 문제를 그런 식으로 풀게 된다. 그렇게 고등학생이 되면 단순 연산 문제도 조금만 함정을 파면 여지없이 걸려든다.

셋째, 응용문제에 약하다. 대다수의 학생들이 어릴 때부터 물량식 교육, 물량식 평가에 익숙해진 상태다. 단순 연산 문제를 한 문제 푸나 긴 응용문제를 한 문제 푸나 평가는 같다. 역으로 단순 연산 문제를 못 풀면 그것에 대한 응징(똑같은 문제를 반복적으로 푸는)이 따르지만 응용문제를 틀리면 그러려니 한다. 문제는 그러한 타협 속에서 충분히 풀 수 있는 문제도 으레 못 푸는 문제로 간주하고 넘어간다는 점이다.

해법은 학생의 조건과 성적에 걸맞은 문제를 잘 선별하여 집요하게 풀도록 자극하는 것이다.

일단 학생이 70퍼센트 정도는 알되 30퍼센트 정도는 모르는 문제를 선별하는 것이 중요하다. 개인적으로는 이런 문제를 선별해주는 것이 학생에게 줄 수 있는 최고의 선물이라고 생각한다. 우리는 학생들을 위해 일일이 손으로 써서 문제를 만든다. 문제를 선별하는 원칙은 너무 어렵지 않고 너무 쉽지도 않은 적정 수준의 난이도를 유지하는 것 그리고 문제를 풀었을 때 수학적 재미를 느낄 만한 것이다.

여기서 진도나 시험은 일단 무시한다. 되도록 그것을 고려하기는 하지만 이런 학생들에게 진도를 중시하는 것은 큰 것을 앞두고 너무 작은 것에 연연하는 것이다. 이런 습관을 고치지 않으면 성적은 어느 단계 이상으로 오르지 않는다. 절대로……

이렇게 자기 힘으로 몇 문제만 풀면 그것으로 충분하다. 사람들이 기를 쓰고 산 정상에 오르는 이유는 산 정상이 주는 독특한 마력 때문일 것이다. 어릴 때 자전거 타는 법을 한번 몸에 익혀놓으면 훗날에도 자전거에 몸을 싣고 균형을 잡을 수 있다.

수학도 마찬가지다. 수학은 매력적인 학문이다. 수학은 어떤 문제를 온전히 자기 힘으로 풀었을 때 그것만큼의 대가를 제공한다. 이 짜릿한 희열이 수학을 공부하는 동력이다. 괜히 수학 마니아들이 있겠는가? 짜릿한 희열을 맛보고 나서야 1~2점이 아니라 3~4 등급을 점핑할 수 있다.

절대로 섣불리 개입해서는 안 된다. 또, 아이가 섣불리 포기하려는 태도를 용납해서도 안 된다. 충분히 격려하되 집요하게 추궁해야 한다. '너는 할 수 있다', '너는 모르는 것이 아니라 포기하려고 하는 것이다'……

현실을 직시하라

고등학교 2학년에서 3학년으로 올라가는 혜정이는 뒤늦게 공부를 하기 위해
학원을 찾았다. 여러 학생들이 그렇듯 혜정이도 포기와 재도전을 반복했다.
혜정이는 기초부터 차근차근 해야 한다며 중학교 수학부터 다시 하려고 했다.

수학은 대체로 전에 쌓아놓은 지식을 바탕으로 그 위에 실력을 더
하는 것이다. 역사라면 고려시대를 몰랐다고 해도 조선시대를 공부하
는 것이 가능하다. 그러나 수학은 미분을 하기 위해서는 반드시 인수
분해를 알아야 한다. 이 사실이 정석이다. 그러나 모든 사물이 그렇듯
이 빈틈이 있다. 특히 수능은 더욱 그렇다.

수능의 특징은 다음과 같다. 첫째, 학생의 등급을 1~9등급으로 나
눠야 하기 때문에 매우 쉬운 문제들이 출제된다. 둘째, 고정적으로 출
제되는 문제들이 몇 가지 있다. 수능이 갖는 이러한 특징을 2015학년
도 문과 수능을 대상으로 분석해보자.

수능에 출제되는 기초적인 문제는 터무니없이 쉽다. 중학생이라도
몇 문제 정도는 아무렇지 않게 풀 수 있다. 수능 1번 문제는 $5 \times 8^{\frac{1}{3}}$이다.
유리수 지수라 낯설 수 있지만 $5 \times 6 = 30$과 별 차이가 없는 수준의 문

제다. 수능 2번 문제는 $\begin{pmatrix} 1 & 1 \\ 0 & 2 \end{pmatrix} + \begin{pmatrix} 1 & 1 \\ 3 & 0 \end{pmatrix}$이다. 행렬이라 낯설어서 그렇지 그냥 숫자가 위치한 순서대로 더하면 끝나는 문제다. 답은 $\begin{pmatrix} 2 & 2 \\ 3 & 2 \end{pmatrix}$다.

이런 수준의 문제가 1, 2, 3, 4, 5, 8, 22번이고 약간 응용한 단순 연산 문제가 9, 11, 15, 16, 23, 24, 25번 문제다.

수능의 단순 연산 문제는 매우 쉽다. 많은 학생들이 이런 문제를 못 풀거나 엄두를 내지 못하는 이유는 수학은 기초부터 차근차근 해야 한다고 많은 교육기관에서 주입하고 학생들이 순진하게(?) 이를 그대로 믿기 때문이다.

수능에 나오는 단순 연산 문제는 쉽고 출제 경향도 뻔하다. 늘 나오는 문제가 숫자만 약간 달리해서 나올 뿐이다. 따라서 출제 빈도가 낮은 문제들을 피하고 출제 빈도가 높은 문제들을 중심으로 반복 연습하면 수학을 잘 못하는 학생들도 어느 수준의 문제까지는 쉽게 맞힐 수 있다.

또 하나 수능의 결정적인 맹점은 늘 나오는 독특한 유형의 문제가 있다는 점이다. 2015년 수능을 예로 들면 7번 이항정리, 8번 연속, 10번 지수·로그 문장제 문제, 12번 정규분포, 16번 확률 계산, 19번 행렬의 진위 판정 등이다(이것 외에 무한등비급수, 수학적 귀납법 빈칸 채우기 문제 등이 있다).

이런 문제는 중·하위권 학생들이 풀기 어렵다. 풀기 어려운 이유는 어렵기 때문이 아니다. 학생들이 이런 문제만을 선별하여 공부하지 않았기 때문이다. 우리나라 대부분의 참고서, 강의, 공부에 대한 조언은 상위권 학생들을 위해 구성·설계되어 있다. 그렇기 때문에 중·하위권 학생들은 자신들만의 독자적인 입시 전략을 갖지 못하고 상위권 학생들을 위해 제공된 것을 모방한다. 덕분에 충분히 풀 수 있는 문제들도 풀지 못하는 것이다.

따라서 수학을 포기했다가 뒤늦게 공부하려는 학생이라면 도움을 줄 수 있는 적절한 대상을 찾아 바로 기출문제를 푸는 것이 좋다.

모든 참고서나 강의는 책의 외양을 띠고 있는 한 갖춰야 할 형식이 있다. 가령 저자 서문도 있고 아무짝에도 쓸모없는(공부를 하기에는 너무 짧고 그냥 책의 분량을 채우기 위해 요식행위로 집어넣은) 강의 요약도 있다. 난이도도 천차만별이며 무엇보다 수능에 잘 나오는 문제만을 특별히 선별해놓지 않았다.

뒤늦게 공부를 시작하여 시간이 많지 않은 조건에서 이렇게 역량을 분산하다가는 쉬운 문제는 실수로 틀리고 조금 알 만한 문제는 훈련이 부족하여 틀린다. 그래서 공부는 공부대로 해놓고도 정작 수능에 가서는 간신히 몇 문제 정도 푸는 상황이 발생하는 것이다.

누차 강조하지만 수능 단순 연산 문제는 매우 쉽다. 그리고 나오는 문제도 한정되어 있다. 불필요한 과정을 모두 생략하고 최근 기출문제에서 그에 해당하는 문제만을 반복해서 풀기 바란다.

이에 더해 늘 나오는 유형 문제를 잡을 수 있다. 가령 2015년 수능의 경우 그래프 연속 문제, 지수·로그 문장제 문제, 이항정리 등은 매우 쉽다. 이를 반복해서 연습하면 충분히 맞힐 수 있다. 잘 이해가 가지 않더라도 그냥 방법을 익혀 풀면 된다.

이렇게 차 떼고 포 떼고 나면 몇 문제 남지 않는다. 2015학년 수능의 경우 나름 쓸 만한 문제는 20, 21, 28, 30번 정도다. 나머지는 보통 학습량으로 때워도 아무 지장 없는 그런 수준의 문제다.

교사 입장에서 수능을 지켜보면 만감이 교차한다. 초등학교 고학년이 밤 1～2시까지 단순 연산을 반복하는 모습은 기가 막힐 지경이다.

중학교 2～3학년에서는 온갖 기기묘묘한 문제들로 학생들을 괴롭힌다. 그런데 정작 마지막 종착점인 수능 문제를 보면 그렇게 공부할 이유가 있을까 하는 의구심이 든다.

그냥 학교 다니지 않고, 쓸데없는 연산이나 문제를 풀지 않고 엑기스만 익히면 중·고등 학교 6년 과정을 2～3년 정도면 마스터할 수 있다. 원리나 개념 설명 빼고 수능 점수 올리는 것을 목표로 한다면 1년이면 충분하다. 이 진도를 따라 할 수 없는 학생들에게는 애초부터 수학을 어느 수준 이상 가르칠 이유 자체가 없다.

한국 학교 수학의 수준이나 상태가 그렇기 때문에 일차방정식도 제대로 몰랐던 학생이 수학 전교 1등을 할 수 있는 것이다.

현실이 이렇다면 그에 맞게 대처하면 될 일이다. "중요한 것은 원리·개념", "기초부터 차근차근"과 같은 미사여구를 걷어내고 현실을 있는 그대로 정직하게 보고 그에 맞춰 상대하면 된다.

좋은 참고서 고르기

시중에는 이른바 모든 유형을 잡았다고 하는 참고서들이 있다. 유형별로 내신에 필요한 모든 문제를 잡았다는 것은 결국 수학을 하지 말라는 뜻이다. 수학이란 논리적으로 생각하는 학문이다. 그런데 어떤 문제를 유형화했다는 것은 문제를 기계적으로 세분화하여 이런 문제는 이렇게, 저런 문제는 저렇게 마치 암기 과목처럼 분류해놓았다는 의미다.

이런 참고서는 모든 학생들에게 백해무익하다. 앞에서도 말했듯이 상위권 학생들의 경우 궁극적으로 승패를 가르는 마지막 대목은 대여섯 문제 정도의 수능 파이널 문제. 이들 문제는 의도적으로 기계적인 문제 풀이를 하지 못하도록 설계되어 있다. 다수의 문제들이 기계적인 풀이가 아니라 심플한 직관이나 하나하나 세는 것을 선호한다. 출제자들이 보여주고자 하는 것은 수학은 유형별로 기계화해서는 안 된다는 것이다.

따라서 상위권 학생들이 유형별로 정리된 참고서를 차례차례 여러 권 푸는 것은 매우 위험한 공부법이다. 학습량으로 내신에서는 좋은 점수를 받을 수 있어도 수능에서는 낭패를 보기 십상이다.

상위권 학생들에게 권하고 싶은 공부 방법은 되도록 공부 속도를 높여 넓은 범위를 공부하되 되도록 사고력 문제를 오랜 시간을 들여 공부하라는 것이다. 그리고 참고서는 사전처럼 이용하는 것이 좋다. 사전처럼 이용하라는 뜻은 문제를 풀다 모르는 것이 생겼을 때 해당 분야를 찾아보는 방식으로 참고서를 활용하라는 뜻이다. 참고서를 1쪽부터 순서대로 나가는 것은 매우 비효율적이고 태만한 공부법이다.

중·하위권 학생들은 자신의 처지와 실정을 고려하여 참고서를 구입해야 한다. 대부분의 유형별 참고서는 모든 유형을 난이도에 따라 구분해놓았기 때문에 중·하위권 학생들의 입장에서 보면 불필요하다. 불필요할 뿐만 아니라 오히려 공부에 방해가 된다.

기본 연산이 약하다면 기본 연산만 추려놓은 참고서를 사는 것이 좋다. 자신의 성적이 중·하위권이라면 쓸데없는 응용문제가 적은 문제집을 택하는 것이 옳다. 그리고 참고서를 살 때는 안목이 있는 사람에게 자문을 구하고, 비용이 아깝다고 모든 문제를 다 풀어야 한다는 강박관념을 버려야 한다. 사전을 사놓고 돈 아깝다고 통째로 외우는 사람은 없지 않은가? 참고서도 필요한 부분만 골라 풀었을 때 약이 될 수 있는 것이다.

내신에 대한 과도한 집착을 버려라

고등학교 1학년인 민주는 내신 성적 때문에 고민이 많다. 수능 준비도 벅찬데 한 학기에 두 번, 1년에 네 번 보는 중간고사와 기말고사까지 준비하려니 힘에 부친다. 부모님은 민주에게 학교 시험은 무조건 잘 봐야 한다고 강요한다. 수능을 위해 달려가다 보면 툭툭 걸리는 내신 준비가 민주는 어렵고 힘들다.

지나칠 정도로 내신에 집착하는 학부모들이 많다. 학부모들이 내신에 집착하는 이유는 간단하다. 첫째는 수학은 차근차근 절차와 과정을 따라 공부해야 한다는 믿음, 둘째는 내신이 진학에 절대적으로 중요하다는 믿음 때문이다. 과연 그럴까?

첫째 믿음은 우리나라 교과과정이 제대로 되어 있다는 전제하에 생긴 믿음이다. 하지만 앞에서 말했듯이 한국의 수학 교과과정은 상당 부분 잘못되어 있다. 따라서 교과과정을 그대로 따라가는 공부는 비효율적이며 궁극적 목표인 수능 성적에는 크게 도움이 되지 않는다.

중학교 교과의 문제는 터무니없는 지체와 중복이다. 구구단을 한꺼번에 외우듯이 전개 – 인수분해 – 이차방정식도 한꺼번에 공부하면 된다. 따로따로 공부할 이유가 없다. 경험에 따르면 한꺼번에 가르치는 것이 훨씬 효과적이다. 일차함수 - 연립일차방정식도 마찬가지다.

그런데 학교 수학에서는 이들 과정을 학년별로 갈라놓았다. 학년마다 조금씩조금씩 풀어놓았다가 고등학교 1학년이 되어서야 중학교 3년 과정을 통합한 과정이 등장한다. 그때가 되면 학생들은 이미 지칠 대로 지친 상태에 놓인다.

상황을 더욱 악화시키는 것은 그렇게 세분화된 내용을 가지고 시험을 보는 것이다. 세분화된 내용을 갖고 변별하려니 어떤 시험문제는 복잡하기 그지없다. 그러니 수학적 사고력을 요하는 문제보다는 어려운 심화 문제 유형을 외워서 풀어야 하는 문제가 등장한다. 이렇게 어려운 문제들은 해당 학생들의 지적 발달 수준에도 맞지 않다. 그저 변별력을 가르기 위한, 문제를 위한 문제인 경우가 허다하다.

내신에 집착하게 하는 두 번째 믿음의 허점은 내신이 대학 진학에 생각보다 큰 영향을 미치지 않는다는 점이다. 대학마다 입시 전형에 내신 반영 비율을 산정해놓고는 있지만 내신 등급 간 반영 점수 차가 생각보다 크지 않다.

논술 전형의 경우 학생부와 논술을 각각 500점씩 총점을 1000점으로 산정할 경우 내신 1등급인 학생이 500점, 최하위 등급인 9등급 학생은 0점이 되어야 한다. 그러나 대학들은 기본 점수를 설정해놓고 있다. 기본 점수가 450점이라면 1등급은 500점, 9등급은 450점으로 최대 50점 차이가 난다.

내신 점수의 실질 반영 비율은 5퍼센트인 셈이다. 일반적으로 서울

주요 대학들의 내신 실질 반영 비율은 10퍼센트 내외다.

터놓고 말해보자. 대학은 특목고 3등급 학생과 일반고 1등급 학생 중 누구를 선발하려 하겠는가? 당연히 전자다. 그런데 내신을 강화하면 전자가 불리해진다. 따라서 '학교 교육 정상화'라는 이름하에 내신을 반영하고 있지만 생각보다 내신의 영향력은 절대적이지 않다. 문제는 이런 사실을, 정보가 많은 고소득층 부모나 한번 입시를 치러본 부모들은 제대로 알고 있지만 저소득층 학부모들일수록 잘 알지 못하고 있다는 점이다.

이 같은 차이는 1970~1990년대에 학교를 다닌 저소득층 부모들이 다양해진 입시 제도를 충분히 이해하지 못하고 단순히 내신과 수능 점수의 단순 합계로 입시가 결정된다고 잘못 생각하기 때문에 생긴 것이다. 저소득층 부모들이 달라진 입시를 제대로 교정할 기회를 갖지 못한 반면 고소득층 부모들은 다양한 경로와 경험을 통해 이를 파악하고 있다(이런 면에서 학교나 언론은 정직해야 한다. 정확하지 않은, '그랬으면' 하는 희망을 담은 보도에 따른 피해가 결국은 저소득층에게 간다는 점을 명심해야 한다).

내신이 필요 없다는 것은 아니지만 학생들이 내신에 들이는 공과 시간에 비해 변별력이 크지 않다는 것이다. 수능 준비가 충분히 되지 않은 학생이 내신 준비에 시간을 빼앗겨 정작 중요한 수능의 맥을 놓치는 것은 바람직하지 않다.

구체적으로 예를 들어보자. 고등학교 1학년 1학기 수학은 수능 시험 범위가 아니다. 누차 말하지만 고등학교 1학년 1학기 수학은 중학교 수학 개념을 종합적으로 통합해놓았다. 대수 연산이 종합적으로 집약되어 생각보다 복잡하고 유형이 다양하다. 대부분의 수포자가 발생하는 시기가 바로 고등학교 1학년 때다. 그런데 다수의 학생들과 학부모들이 고등학교 1학년 1학기 수학에 목을 맨다. 반면 고등학교 1학년 2학기에서 2~3학년 수학은 개념은 어렵지만 매우 쉽다. 그리고 수능은 출제 범위가 좁고 문제가 쉽다.

즉, 고등학교 1학년 수학이 준비되어 있지 않다면 고등학교 1학년 내신에 목을 맬 것이 아니라 수능 준비를 위해 고등학교 1학년 2학기 수학부터 제대로 준비하는 것이 긴 안목으로 볼 때 매우 효율적이다.

앞의 민주와는 정반대의 사례가 있었다.

희경이는 고등학교 3학년 초반까지 모의고사 수학을 4등급 정도 받던 이과 학생이었다. 내신으로는 대학 진학이 어렵겠다고 판단한 희경이는 수능 준비에 매진하기 시작했다. 필요하면 학교도 결석하고 오로지 수능 공부에만 집중했다. 그리고 희경이는 2015학년도 수능 수학 B형에서 96점으로 2등급을 받았다.

정도의 차이는 있지만 대부분 그렇다. 수능은 출제 범위가 매우 좁다. 수열도 수능에 출제되는 수열 문제는 한정되어 있다. 따라서 이를 효율적으로 선별한다면 수능에 출제되는 비중은 고등학교에서 배우는 내용의 30~40퍼센트 정도에 불과하다.

이런 식의 공부는 너무 결과에만 집착하는 실용적인 태도일까? 아니다. 수능은 불필요한 내용을 배제하고 핵심적인 개념만을 묻는다. 예를 들어 수열이라면 학생이 등차수열의 기본 개념을 정확히 알고 있고 그것을 연산할 수 있는가를 묻는다. 시험 수준으로만 보면 내신에 비해 훨씬 바람직하다. 따라서 수능형 공부가 수학 공부의 본성에도 맞는다.

결론을 말한다면 다음과 같다.

내신에 대한 과도한 집착은 버려라. 믿어지지 않으면 지금 당장 입학 전형을 보라. 그리고 3등급과 4등급의 점수 차이를 구체적으로 확인해보라. 별로 중요하지 않다. 내신에서는 불필요한 공부를 지양하고 기본 개념과 기초 연산만 충실히 쌓는 것이 좋다. 그리고 그렇게 해서 70점 대신 60점을 받았다면 그 10점은 가볍게 넘기기 바란다.

그리고 수능에 집중해야 한다. 수능에 집중한다는 것은 기본 개념과 기초 연산을 충실히 하되 넓게 공부하라는 뜻이다. 수열, 지수와 로그, 극한 등 여러 단원을 한꺼번에 공부하고 연산 실력도 점진적으로 높여가는 것이 좋다.

수열, 지수와 로그, 극한을 공부하려 할 경우 이를 하나하나 공부하지 말고 한꺼번에 공부할 것을 권한다. 고등학교 수학 개념은 단숨에 이해되지 않는다. 하루하루 거듭해서 개념을 익히고 연산을 하는 과정에서 해변에 다가서는 배가 차츰 윤곽을 드러내듯 본인의 것이 된다. 심지어는 시험을 마치고 한참 뒤에 학교 다닐 때 제대로 몰랐던 개념이

선명하게 다가오기도 한다.

연산은 기초적인 것부터 넓게 반복해서 공부하는 것이 좋다. 한 달은 수열, 지수와 로그, 극한, 미적분의 기초 연산을 누적적인 방식으로 아주 초보적인 것부터 공부한다. 그리고 다음 달은 그것보다 한 레벨 위의 연산을 다시 누적적으로 공부한다. 이러는 가운데 연산이 몸에 붙는다.

내신이 쌓여 수능이 되는 것이 아니다. 오히려 내신에 얽매이다 보면 기본 개념과 연산이 약해지고 수학의 전체상이 잘 드러나지 않는 경우가 많다. 그리고 내신은 시험 범위가 좁은 만큼 중요한 것과 그렇지 않은 것, 기본적인 것과 파생적인 것을 제대로 구분하지 않는다. 내신을 하되 점수에 과도하게 얽매이지 말고 가볍게 운신하는 것이 좋다. 그리고 목표를 수능에 집중하고 내신에서 무엇을 챙기고 무엇을 버릴 것인가를 명확히 하는 것이 좋다.

가능하면 빨리 수능을 준비하는 것이 좋다. 고등학교 3학년 기출 문제를 빨리 풀어보기 바란다. 기출문제를 풀어보면 전체상이 보인다. 자신이 가는 길에서 현재 어디쯤 있고, 무엇이 중요하고 중요하지 않은가를 가늠해볼 수 있다.

그리고 수학에 대한 자신감이 생긴다. 수능 문제를 풀게 해보면 학생들은 의외로 쉽다는 것을 발견한다. "이게 정말 수능 문제냐"며 반문하는 학생들이 태반이다. 그만큼 내신과 수능 사이에 정서적인 격차가 크다. 수능이 아주 기본적인 개념과 연산을 다룬다는 것을 확인하는 순간 학생들은 수학에 대한 두려움을 버리고 자신감을 갖게 된다.

산에 오를 때 앞사람 꽁무니만 쫓는 것은 힘들고 고통스럽다. 산 정상을 한번 쳐다보라. 수능이라는 산은 큰 산맥이 아니라 가까운 곳에 있는 능선에 가깝다. 목표를 명확히 하고 경로를 올바로 짠다면 예상치 못한 결과를 거둘 수 있다.

유연하고 창의적인 수학교육이 절실하다

처음 시작은 서울에서 교육 환경이 가장 열악하다는 지역에서 제대로 된 교육을 해보자는 마음이었다. 그렇게 금천구에서 '나눔학원'이라는 이름으로 교육 사업을 시작했다. 교육 취약 지역에서, 봉사하는 마음으로 아이들에게 좋은 교육을 제공하겠다는 의지에서였다.

그렇게 아이들을 만나면서 조금씩 욕심이 생겼다. 그저 취약한 지역의 아이들을 가르치는 것을 넘어서 이 아이들과 새로운 교육의 희망을 만들 수도 있겠다는 욕심이었다.

학원 이름도 '나눔학원'에서 '지성의숲'으로 바꿨다. 그저 듣기 좋은 이름으로 바꾼 것이 아니라 우리의 교육목표가 어려운 아이들에 대한 지원에서 '21세기형 대안 교육'을 만들어내겠다는 것으로 수정되었기 때문이다.

그리고 우리는 다양한 아이들을 만났다.

수학적 자질이라는 견지에서 보면 세 갈래의 아이들이 있는 것 같다.

첫째는 수학적 자질이 떨어지는 아이들이다. 이들에게 가장 큰 문제는 번잡한 반복 연산이다. 이들에게 공부해야 할 양은 터무니없이 많다. 그리고 학년마다 변별력을 확보하기 위해 인위적으로 고안된 문제들이 끝도 없이 늘어서 있다. 이런 상태에서 아이들은 이리저리 휘둘리다 정작 기본 연산조차 제대로 하지 못한다.

대책은 학습량을 대폭 줄이고 학년을 뛰어넘어 연산의 기본 규칙만 정확하게 익히도록 하는 것이다. 초등학생이라면 사칙연산과 분수 계산 정도를 정확히 잡아주는 것이면 충분하다. 특별히 중요한 것은 아이들이 학년이나 성적에 따른 열패감을 갖지 않도록 배려하여 자신의 수학 수준을 객관적으로 보고 거기서부터 출발하도록 도와주어야 한다는 점이다.

우리는 이런 아이들이 처음으로 분수 셈, 문자 연산을 풀었을 때 느끼는 감격을 여러 차례 공감한 바 있다.

둘째는 중간 수준의 아이들이다. 이들에게 필요한 것은 수학의 철학적 의미다. 이들은 자기 학년 수준의 공부를 힘겹게 따라간다. 그러나 공부하는 만큼, 걱정하는 만큼 성적이 제대로 나오지 않는다. 우리나라 고등학교 수학 수준은 평범한 아이들이 재미있게 공부할 수 있는 수준이 아닌 듯하다. 이들은 수학이 갖는 의미를 제대로 헤아리기보다는 수학이 주는 중압감에 짓눌려 수학에 적개심을 갖게 된다.

대책은 학습량과 입시 부담을 덜어주고 수학이 갖는 역사적 의미를 생각할 수 있는 기회를 갖게 하는 것이다. 그런데 현직 수학 교사·강사들의 자질이 문제인 듯싶다. 그리고 이는 현 기성세대의 수학적 안목과 결합되어 있다.

셋째는 수학적 자질이 높은 학생들이다. 이들에게 느슨하고 반복적인 학과 진도는 지적 발달의 장애물이다. 불필요하게 나열된 교과 체계를 과감히 뛰어넘어 속도와 효율을 중심으로 지적 열망을 자극하고 고무해야 한다.

대책은 가로로 길게 늘어선(이차방정식을 배운 후 그것을 응용하는 문제들을 이중 삼중으로 풀게 하는) 교과를 세로를 중심(이차방정식에 대해 충분히 이해했으면 학년을 무시하고 그다음 진도를 나가는)으로 재설계해야 한다. 이들에게 중요한 것은 고등학교 수학이 갖고 있는 수학적 묘미다.

경험적으로 볼 때 학년보다 중요한 것은 아이들의 수학적 자질이다. 현행 교육 시스템은 "몇 살이면 몇 학년" 하는 식으로 층위와 갈래가 다른 세 부류를 한교실에 앉혀놓고 가르치고 있다. 그리고 이 불가능한 시스템을 갖고 체제(입시 선발)를 유지하기 위해 교과를 인위적으로 늘려놓은 것 같다. 이 가로로 길게 늘어선 교과에서 상위권 학생들은 지루하고 중위권 학생들은 수학에 대한 회의를 키우고 하위권 학생들은 '수맹'이 되어가는 것이 아닐까?

지금처럼 나이가 같은 아이들을 학년으로 분류해 한 교실에 모아놓고 못하는 아이에겐 너무 어렵고, 잘하는 아이에겐 너무 지루한, 그렇다고 중간 부류의 아이에겐 비효율적인 교과를 천편일률적으로 가르친다면 수포자는 계속 양산될 수밖에 없다. 아이들의 상황과 자질에 맞는 유연하고 창의적인 수학교육, 그리고 짧은 시간 안에 누가 더 어려운 문제를 잘 풀어내는가를 가르는 평가 방식이 아니라 아이들의 수학적 관심을 다양하게 평가해낼 수 있는 새로운 평가 방식이 너무나도 절실하다.

아이들이 머리를 싸매고 풀어야 하는 수학 문제는 이미 컴퓨터를 통해 모두 해결할 수 있다. 오히려 컴퓨터가 해결할 수 없는, 인간만이 할 수 있는 새로운 수학적 영역을 가르치고 구현하게 하는 것이 21세기 수학교육의 목표여야 하지 않을까?

우리가 추구하는 21세기형 새로운 대안 교육은 바로 이러한 수학교육을 개발하고 구현하는 것, 바로 그 길 위에 있다.